手工坊

出好货

细节淬炼老品牌的24个故事

韦玮 著

华中科技大学出版社
http://www.hustp.com
中国·武汉

图书在版编目(CIP)数据

出好货:细节淬炼老品牌的24个故事/韦玮著. —武汉:华中科技大学出版社,2016.11
 ISBN 978-7-5680-1901-9

Ⅰ.①出… Ⅱ.①韦… Ⅲ.①老字号-民族品牌-企业管理-中国-通俗读物 Ⅳ.①F279.24-49

中国版本图书馆 CIP 数据核字(2016)第 130298 号

湖北省版权局著作权合同登记图字:17-2016-262 号

本著作物简体版通过版客在线文化发展(北京)有限公司,由有鹿文化事业有限公司授权中国大陆地区(不包括台湾、香港及其它海外地区)出版。

出好货:细节淬炼老品牌的24个故事
Chuhaohuo: Xijie Cuilian Laopinpai de 24 ge Gushi 韦玮 著

策划编辑:	白　雪
责任编辑:	高越华
装帧设计:	傅瑞学
责任校对:	九万里文字工作室
责任监印:	周治超
出版发行:	华中科技大学出版社(中国·武汉)　电话:(027)81321913
	武汉市东湖新技术开发区华工科技园　邮编:430223
录　　排:	北京楠竹文化发展有限公司
印　　刷:	北京联兴盛业印刷股份有限公司
开　　本:	880mm×1230mm　1/32
印　　张:	7.25
字　　数:	148 千字
版　　次:	2016 年 11 月第 1 版第 1 次印刷
定　　价:	36.00 元

本书若有印装质量问题,请向出版社营销中心调换
全国免费服务热线:400-6679-118　竭诚为您服务
版权所有　侵权必究

　　为一个个老字号说故事之余，想悄悄告诉大家，我也写诗，所以在24篇里都安插了2~6行诗，植下另一种氛围。那是进出第一个字之前的凝神，也象征句点，更是未完、未尽的余韵。

　　想证明我真到过这24处，所以在此安插这张照片——拿起鼓棒，与"响仁和"的象征合影。（柯乃文／摄影）

自序

像他们这样的态度

出好货的"出",用台语"tshut"念更入味、更传神。以货而论,它是生产制造,制造的极致是淬炼;以人而论,它是生养,生养的终极意义是骨肉心血的延续,是精神、态度的传承。这些,我在探访、书写这二十四个老品牌的故事时都一一看到了。

达人,是某个领域的专家、高手、大师。用这个词来形容我笔下的老师傅们,感觉还缺点什么。

职人,是以己身拥有的技术为职业的人,狭义上指传统工艺和手工制造业的从业者;但其最深刻的意涵在于"精神",长时间锻炼出的手艺只是基础,关键在以这项功夫为荣,用真功夫养真精神!这正是他们!所以我说:"我喜欢老师傅们谈起自己一手真功夫时的骄傲神情;像这样兼营店面的工艺师傅,他们都是生意人,都是认真、诚实、有良心的艺术家,兼生意人。"

当这样的"职人魂"附着在品牌上,就能赋予品牌灵魂。广告、设计、信息等创意产业善用故事营销,通过一个个动人的故事经营新创的品牌,唤醒消费者的欲望。我发现,传统产业的老品牌都有着隽永的故事,有些走过社会变迁,在黯淡中重现光荣,展露职人专注深化的过程,充满动人的力量,令人钦佩;有些则能力图创新、强化品牌精神,透出蓬勃活力与新生力量,老而弥坚;有些则植下怀旧氛围,领着我们重温昔日情调。

若说这是品牌营销的书，可我观察的角度不是这个品牌如何走向成功；若说是传统工艺和技师的报导、记载，可我没有广泛搜罗史料，也不是在写传奇；若说是观光导览手册，写艋舺西昌街的"三秀打铁店"，我的确提到从捷运站行经几个街廊，会遇见的龙山寺、艋舺青山宫……可我没有画地图，也不会实时更新信息。

采访坐落在引领新时代潮流的大台北地区二十四家老店，我不采取客观报导，而是希望一方面贴近他们的新体会，另一方面搜寻我脑海中的回忆（幼时的记忆、相关的经验），以一种"新"和"老"相互撞击的角度来书写，带着读者游逛。而从以此内容为主题所进行的演讲（台湾艺术大学、宜兰南澳高中、新北市南山中学、联合报写作班、幼狮文艺写作班、统一企业集团员工教育训练……）中，我更发现这种亲切的逛老店方式，是让大众了解传统文化，产生兴趣，甚至引发共鸣的最佳途径。

快速的影音时代让许多美好瞬间流失，以录像捕捉种种文化线索固然可贵，但除非有心将之成套出版，否则一个精心制作的节目终究只是惊鸿一瞥。而摄影（拍照）不同，透过摄影能专注地凝视；文字不同，透过纸上的文字能静心地品味。咀嚼出滋味来，才能理解这些坚持的职人，在时代变迁中追求创新品牌，追求值得我们怀旧的老店背后的精神。

我不是达人，只是一个传递者，一个观察家。我们陷入标准化的生活太深，我盼望隐含在书中、关于非标准化的独特文化密码能被更多生活家看到。如果他们在许许多多生活家的印象中存在着，那么，就算有些品牌明天就消失，有的职业后继无人，放在整个全球化的脉络下，它都具有不可磨灭的位置。

谢谢摄影师邓惠恩、柯乃文在采访期间的大力相助，他们的摄影作品在这本书中必不可少。在《幼狮文艺》的两年专栏结集，当然要感谢主编吴钧尧。更要谢谢悔之大哥，在大方向上与我看法一致，并能给出精准且颇具建设性的建议。

对我自己而言，在忙碌的现实生活中，我借着体会老品牌的风格和气味，找到了一种旅行的方式；打开任意门，世界缩小成一朵云，我轻易地进入煮诗、植梦、养故事的世界——路上悠游的鱼、海里跳跃的猫、不知名的你和某某某……一一浮现，幸福行走得特别慢！

目　录

辑一　有一种真诚如此动人

锤炼真诚意，淬炼真功夫——三秀打铁店　摄影·邓惠恩　　2

名匠出手，打磨出武士精神——新朝名刀店　摄影·柯乃文　　12

台湾文化界的"黑手帮"——大有制墨厂　摄影·邓惠恩　　20

一手操弄江湖历史——小西园掌中剧团　摄影·邓惠恩　　28

巧手，成就经典美丽——荣一唐装旗袍　摄影·邓惠恩　　38

一甲子的"毫"门史——郭家笔墨庄　摄影·邓惠恩　　46

暖一辈子的绵绵祝福——吉祥棉被行　摄影·邓惠恩　　56

剪贴心意的大厝——铭川糊纸店　摄影·邓惠恩　　64

辑二　有一种情味能百转千回

令人嘴馋的海之味——登峰鱼丸　摄影·柯乃文　　74

打开记忆的烘焙礼盒——郭元益　摄影·邓惠恩　　82

征服味蕾的"食"尚精品——丸庄酱油　摄影·邓惠恩　　92

焕发茶文化新貌——有记名茶　摄影·邓惠恩　　100

洗净身心的清香——茶山房手工肥皂　摄影·邓惠恩　　110

禁得起大风大雨——建兴洋伞　摄影·柯乃文　　118

"熟成"之后的好声音——响仁和钟鼓厂　摄影・柯乃文　　126
把幸福用针线密密缝——小花园绣花鞋　摄影・柯乃文　　134

辑三　有一种心意足以传承一世

"草包"的新故乡——德安青草店　摄影・邓惠恩　　146
仁心仁术，百年飘香——博爱中药　摄影・邓惠恩　　156
传承家风的酸甜醋劲——"五印醋"醋王之家　摄影・邓惠恩　　162
朦胧光晕透出的微温心意——老绵成灯笼店　摄影・邓惠恩　　172
铸入深厚的文化底蕴——郭合记士林刀店　摄影・邓惠恩　　182
浓情舞出美丽的记忆——波丽路西餐厅　摄影・邓惠恩　　190
来自北国的扎实滋味——明星西点咖啡　摄影・邓惠恩　　200
粒粒饱满的人情味——和利碾米厂　摄影・柯乃文　　208

附录——店家资讯一览表　　216

辑一

有一种真诚如此动人

锤炼真诚意，淬炼真功夫

三秀打铁店

从龙山寺捷运站一号出口右转，走西园路，再转入广州街，面对着龙山寺，右边的巷子就是西昌街。西昌街很长，我沿路经过观光夜市、贵阳街、长沙街、内江街，街面愈来愈窄；即使还早没遇上观光人潮，也能感觉到是从热闹的商圈进入了商家散落的住宅区。

寻找老艋舺

此刻不是散步在有着古意盎然的日式建筑的幽静巷弄里，我也不是个文人雅士，不妨把自己想象成是"田庄人"！唯有如此，那一点也不窗明几净的"老艋舺咸粥店"才能吸引我进入；也唯有如此，我才能拥有比平常更敏锐的洞察力，观察到往来在这街上的人们，有着比多数台北人更热络的眼神、更轻松的步伐。

行经这几个街廊，除了龙山寺，还会看到"艋舺青山宫"。在医疗水平低下的农业时代，田庄人、渔民把"保平安"的事托付给神祇，供奉青山王，也安定自己的心。贵阳街上还坐落着有着"亭仔脚"闽南式建筑的"老明玉香铺"，传统生活上的需求——或者说是心灵上的依托，把寺庙、香铺、金纸店、糕饼店紧紧结合在一起。

张秀荣师傅与"三秀打铁店/五金行"。

即使昔日繁荣的艋舺码头风华褪尽,"艋舺大拜拜"仍旧年复一年地举办,沉香的烟不只飘荡在人间,还袅袅上升直达天庭,让民心民意祈求的恬淡、平静夹带着"闹热"驻留在此。

街头,消失的打铁街

一路到底,却是到了西昌街"头"。西昌街,巷"尾"是青草巷,街"头"原是打铁街,为了拓宽环河南路,1973年拆除了连接着它的西昌街部分房舍。如今最前头几号的西昌街门牌已寻不到,昔日的二十几间打铁店也仅存一家"三秀打铁店/五金行"。

打铁店铺主要打造犁田用的犁头等农具,所以旧时又称"犁

专营建筑五金的三秀,
打出另一条不同的路。

头店";也因为绝对少不了锻铁的烘炉,也叫"铁匠炉"。打铁是与民众生活密不可分的行业,涉及的层面相当广,从生活用品剪刀、菜刀、刨刀、锅铲、门环、门插、火钳、灶门,到耙、犁、铲、锄、镰、柴刀、外形似鸟嘴的竿塔掘等农具,还有锚(锭)、船钉、鱼叉、蚵刀、壳仔刺、螺仔勾等渔具,应有尽有。

当台湾社会由农渔业时期进展到工业发展时期,打铁这项传统手工艺也日渐衰颓。对"三秀"而言,危机也是转机。为应对这样的变迁,如今三秀的老板张秀荣和兄长决定将营业范围从农具扩大到建筑。上个世纪80年代营建业兴起后,张秀荣不再遵循传统打铁店的路子,转为专营建筑五金,在营建业界打出了名号,这是三秀与其他打铁店不同的地方。

当錾子烧得火红

小小的店面,从门口望去,各式工具零件和铁制农具琳琅满目。做土水时所使用的槌、镐、刮刀、錾(凿)子、敲棒、"厂"字形勾则是张秀荣师傅锻铁的主要工具。只要是建筑用的机械五金,都能在三秀买到。"巷仔内"的人更知道可以把用钝的錾子拿来修理。"錾子"不是钻孔用的小电钻的钻头,而是挖马路的大电钻前头的笔形铁具,一端如削利的笔尖。作为一个打铁师傅，张秀荣最常做的"功课"便是重新锻铸錾子。

一个中年男子拿来一大袋物件，往地上一倒，竟是三四十支錾子。我好奇地问："怎么这么多，你是工头吗？"他羞赧地笑着："没有啦，我是帮大家拿来修理！"张秀荣快速地计算着支数和工钱，满满一堆，费用竟然才八九百元新台币。

"张师傅，这么多支，你要修到什么时候啊？"张秀荣得意地笑了："我自十二岁跟父兄学起，现在六十六岁，已经打铁四十多年；有人打了三十多年的铁，那才算小学毕业的级数啦！这些只要给我一小时就够了！"看着张秀荣翻动煤炭、抽风将炉火烧旺，錾子开始烧得火红……

古时打铁用来调节风力的风箱已被鼓风炉和抽风机取代。早期打铁须两人合作，铁匠师傅左手握铁钳翻动铁料，右手握

正在维修錾子中的张秀荣师傅。

师徒合作，需要无间默契（右为其子张才福）。

锤子一敲,"铲"变成"锄"。

小锤修改关键位置,同时指挥手握大锤的徒弟锻打;现在有撞锤机,方便得多。然而,火力的控制、打铁的力道,以及淬火、回火的温度和时间点都是关键,也无法用三言两语说明。"都是靠经验啦!"果然,才几分钟,已操作到钝的錾子,于再度锻炼、锤炼、淬炼之后获得了重生!

打铁在方寸之间

接下来,张秀荣要示范把7厘米的铁具敲打成13厘米宽。"铲奸锄恶"这个词我懂,却连眼前这铁具是铲是锄都分不清楚。三秀的女主人——张秀荣的太太,费心给我解释了大半天;最后,当张师傅举起锤子用力一敲——"铲"弯成90度,变成了"锄"——总算明白了!都是带把的金属器具,铲用来削平、挖除、撮取东西,是平的;锄头是松土、除草的农具,高高举起以直角切进土里。

我果然是个"伪田庄人"啊!我也不懂,同样是铁耙,为何用途却不同;有的拿来除草,有的则是铲土。而且,即使戴上棉纱工作手套,依样敲打,我也无法变身成耐操耐磨的"做工仔人"。我喊道:"铁锤怎么这么重哪!"打铁师傅的动作简单——不过就是起落之间,却不凡——每一次的擎与击敲出的当当声响,那深入铁器的力道,如此美好!

锤炼真诚意,淬炼真功夫——三秀打铁店

镜头所及，就是张秀荣师傅的打铁空间。

店内左边是装着淬火介质的圆柱状铁桶，旁边是撞槌机和牛角砧。张秀荣就在这里打铁。想起读过的文献，"所谓'铺'，只是一间破房子，屋子正中放个大火炉"，所以才不叫"铁匠铺"，说是"铁匠炉"哪！

我不禁笑了。这空间虽窄小，却是打铁师傅的一方天地了。"麻糍手内出"，在打铁人手中，再坚硬的铁也会软化；锤之敲之，长、尖、方、圆、扁皆随心所欲，手中功夫不可言传，得长时间跟在他身边才能心领神会，这是传统工艺的学习守则。

张秀荣拿起一只末端圈出圆形的钉状物，"这是机械制的，'圆'有点扁，我可以做得更圆。"说完他便将铁料放进炉内烧红，然后利用牛角砧的尖角，圈出一个圆。是真的，纯手工能锻造出比机器更完美的圆。

我喜欢张秀荣谈起自己一手真功夫时的骄傲神情。像这样兼营店面的工艺师傅，他们都是生意人，都是认真、诚实、有良心的艺术家。

小常识

打铁趁热,为什么?

铁经由炉火高温加热,锻炼得透红时会变软,此时才能锤打塑形;但一离开炉火,铁暴露在空气中冷得相当快,所以得趁热打铁;铁凉了,就得放回炉火中重新烧热。

打铁的步骤:

锻铁:将铁放到炉灶里高温加热的过程。抽风机一开,炉内的温度瞬间飙升,用长钳夹住铁料入炉,等烧得透红取出。锻铁时必须调节风力,前期需要较大风力以维持炉内高温,一旦铁烧红了就要降低风力。锻铁完成与否全凭经验,需将铁加热到900℃至1200℃左右,软化后才能铸型;但温度若高于1300℃,铁又会融化,而炉内温度通常高至2000℃。

撞锤:锻铁完成后,抓紧时间将烧红的铁料置于"机械铁锤"(撞锤机,利用机械铁锤的作用力和基座的反作用力来锤打)上"撞锤",迅速让铁具的粗胚成形,并打出需要的厚度以及延展度。

打铁:把经由撞锤机敲好雏形的铁器放在角砧或大铁墩上,用锤子敲打铁器,修整细部形状。

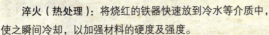

淬火(热处理):将烧红的铁器快速放到冷水等介质中,使之瞬间冷却,以加强材料的硬度及强度。

回火:经过淬火硬化处理的铁器,置于低于临界温度一段时间,以一定的速率冷却下来之后,再放入炉中回火,重新加热到低于下临界温度的适当温度,保温一段时间,然后在空气或水、油等介质中冷却到室温,以提高材料的韧性。

一把刀的好坏取决于回火过程,回火愈多,钢铁愈有韧度,且能提高其组织稳定性,使工件在使用过程中不再发生形变,让工件的尺寸和性能保持稳定;回火处理的效果取决于回火温度、时间、冷却速率等因素。

固定冷却:做好的工具插入砂土中"固定冷却",一把新的工具就完成了。

淬炼／淬火

淬火是将铁器加热到临界温度以上的某个温度（即锻铁），在空气中保温一段时间（也就是撞锤、打铁时），（打铁后）再置于水、盐水、水溶性淬火液或油之中，使之瞬间冷却。这是打铁过程中最关键的一步，铁具实不实用、坚不坚固就看淬火了。

铁虽然看起来很硬，但如果没有经过淬火的步骤就容易变钝。大卖场卖的菜刀是经过约700℃热处理的钢铁，没有经过手工打铁时（手工菜刀是铁包钢的合金）高温淬火的过程，即使只是用来切菜也很容易钝掉，寿命短，即使磨了也很难变得更锋利。

青山宫与艋舺大拜拜

青山（王）宫供奉"灵安尊王"张滚，青山为地名（位于福建泉州三邑惠安县），"青山王"为其地的守护神。随着泉州移民在台湾的开垦土地，台湾的青山王信仰日益扩大。台湾以三级古迹"艋舺青山宫"（又称青山王馆）最著名，与龙山寺、清水岩祖师并称为艋舺三大庙宇。

1854年艋舺市发生了一场大瘟疫，惠安渔民特地从青山奉灵来台，途经旧街（西园路）时神轿无法抬举，信徒掷筊，神示驻跸于此，便立小祠安灵奉祀。相传罹病者向青山王祈求便能平安保身，信众倍增，信徒筹款于1856年创建新庙，即现在的"青山宫"。

青山王有山神、行政神的神格，也具有司法神的职能，相当于三邑的城隍爷。为明察辖区善恶、缉捕恶鬼，青山王常出巡、暗访，也有代天巡狩的职能，此与王爷信仰有关。青山王配祀有判官、阴阳司等诸司幕僚，更有范谢将军，据说当时到了晚上就会听见谢必安、范无救两位将军手执的铁链响起，或是看见他们在路上巡逻，所以附近小偷很少。

农历十月廿三为青山王诞辰，祭祀活动从廿日的巡行开始，直至廿三日青山王祝寿大祭才结束。青山宫于廿二日"迎青山王"绕境，沿途信徒发赠光饼，家家户户摆设香案、供品祭拜，此即"艋舺大拜拜"。

名匠出手，打磨出武士精神

新朝名刀店

武士刀师傅谢锦钟 1923 年出生于彰化。如今已是耄耋之年的他，仍坚持承袭传统制刀手艺与研磨技术。

谢锦钟笑称自己是全台仅存的手工打造武士刀与修理百年古刀技艺的第一人，因为日据时期学艺的同行们不是早已转行，就是已经辞世；要想传承此项技艺，除了要能坚持得够久，还得活得够久、够强健。

老艺师精神矍铄

那天，下雨，我撑伞出现在工厂门前，往内探视几秒钟，便十分肯定地迎向一位头发花白的老先生。老先生一见到我就说："我还在烦恼落雨天你有带雨伞无？不知ㄟ冻来无？"

眼前的机器大小错落，数名工人正坐在工作台前制作剪刀，隐约还有机械声传来。如果要形容这个空间，那就是磨石子地板、一小片的铁、一大片的铁，以及不规则形状的铁。

"咱们去二楼办公室。"谢锦钟在前头带路，木制楼梯有点窄，不是很好走。正想叮咛谢师傅小心，却被他抢先说了。原以为九十岁的老人家，即使没有行动不方便，膝盖通常也不会太

一把武士刀,闪耀着武士精神。

好;结果完全出乎我的意料,他爬楼梯比我还快,简直是健步如飞呢!老师傅精神矍铄,难怪如此高龄还能有体力每日打造、维修武士刀。

性格成就精湛工艺

自认为是"歹命人"的他,十四岁毕业后就到台中一家日本人经营的刀具店"泉州屋"当学徒以减轻一家十二口的生活重担,从此和武士刀制作工艺结下了不解之缘。

1939年,老板菅野政次郎欲转往上海成立"中和洋行",希望谢锦钟能随同他们一家前往并继续学习。虽然父亲极力阻止,但谢锦钟知道此去上海，月薪将多出四五倍，于是尚未成年的他拿了父亲的印章盖印，偷偷搭船离开台湾。

身为家中长子的谢锦钟肩负重担，但这也造就了他坚毅、独立、强韧的性格以及苦干实干、认真负责的做事态度。如此的性格与态度，更让他得以更好地传承制作武士刀的精湛工艺。

凡事多学一样，不怕苦

制作武士刀须经过炼打、研磨、外装（刀鞘的制作与外部装饰）三个过程，通常为三位师傅合力完成。菅野老板打算让担任学徒的谢锦钟学习研磨武士刀的技术，但读了六年"公学校"（日据时期的小学，当时教授日文）的他，说得一口流利的日语，日文字也写得漂亮。菅野老板见他认真、聪明，除了研磨之外，还教他记账等各项事务。

勤奋的他什么都肯做，从不计较，店内大小事都一手包办，因此老板夫妇对他疼爱有加。不识字的老板娘从没当他是外人，时时对离家在外的他嘘寒问暖；逢年过节想写封家书给日本广岛的娘家，没让已成年的女儿帮忙，反倒要这个自己信任的、细心的孩子来写。而重感情的谢锦钟，即使已事隔七十年，竟还背得出老板娘广岛娘家的地址。

谈起老板夫妇，谢锦钟感念地说，十几年前还曾去探望迁居九州的老板娘，只可惜当时老板已过世。当老板娘翻开旧时相簿细数从前，他才知道自己二十一岁学成时老板特别请摄影师为他拍摄的三张纪念照，这么多年来经历了战争与几番搬迁，竟仍被他们俩悉心保存着。

"中和洋行"的生意非常好，而洋行里贩卖的军刀是由在南京开店的中本纹三郎师傅批发分售的，于是菅野老板常让谢锦钟到南京办货。谢锦钟好问好学，深得中本师傅喜爱，便教他武士刀的外装，刀鞘、刀柄以及各项零件的制作和装饰等功夫。我问他："别的武士刀学徒都只学一样，你还学习店内的各项事务，又学做外装，不辛苦吗？"

他说自己始终就是抱着"可以多学一样"的单纯想法，没想到，因为师承两位师傅，习得了武士刀的研磨与外装两项技艺，如今才能单凭一己之力从事武士刀的制作与维修。

赴上海时期留下的珍贵留影（谢锦钟提供）。

炼打、研磨、外装，是制作武士刀的三项要素。

未开锋的武士刀。

不合乎时代的艺术

只是,当1945年二战结束后,谢锦钟回到台湾,武士刀这种"日本人的东西",已和日据时期(日据时期并未管制武士刀的买卖,只要买方留下姓名地址给卖方即可)大不相同。二战后的台湾不能任意制作武士刀,未开锋的武士刀此后多是作为装饰品摆在家中观赏,再也回不到过去买卖热络的光景。

为了生活,谢锦钟做过年糕、冰淇淋批发的生意,但他心中仍念念不忘刀具研磨这项承袭传统的技术;为了精益求精,他还赴日学习刀具的制作。在孙子出生的1975年,他取孙子谢薪朝的名字,成立了现今的"新朝企业公司",专做刀剑类产品,兼营刀具研磨与修复。

多年来典守传统工法的谢锦钟提到,学习磨制、修理武士刀,不只要不怕苦地"练手路",还得花心力研习武士刀的知识,了解刀的价值,否则"将珍珠当成老鼠屎",哪有资格修复武士刀!

他感叹:"武士刀已经是不合乎时代的艺术。"但即使口中这么讲,他却又用强而有力的语气说:"武士刀的师傅,磨的不是刀,是在磨武士的精神!"眼底仿佛散发出珍珠般的光泽。

刀柄上刻着的"寸金童"是谢锦钟名字的缩写,也是最自豪的精神传承。

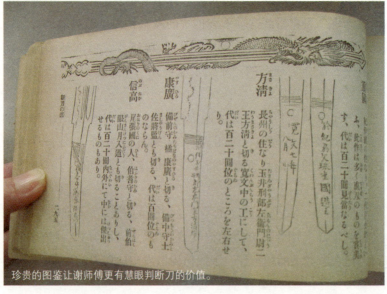

珍贵的图鉴让谢师傅更有慧眼判断刀的价值。

名刀因他而不寂寞

1947年"二二八事件"之后,许多武士刀的持有者都把刀藏起来,甚至有人将之深埋地下,以致多年后再从土里挖出时已然残破不堪,这才有了几段谢锦钟修复数把古刀的故事。

2004年4月,收藏了两把武士刀的地方耆老何云坊经中和庄文史研究协会介绍而与谢锦钟相识,将古刀交由谢锦钟修复。

即使刀柄已受损并用黑胶带缠上,刀身也因久未保养而失色,但谢锦钟一见刀鞘与护手,便知其中一把古刀来头不小。果不其然,将零件拆卸之后,从刀柄内侧拓印的落款得知制作者姓名,他便与日本专业人士联系,确认此刀竟是日本武士刀历史名册中记载的由日本德川幕府时代的大师越前康继所制的名刀,已有四百年历史,价值高达六百万日元以上。

这把武士刀经由外装修复与刀身研磨,短短四十天后,刀柄织绑上了工法细致的棉绳,刀身闪耀着锐气十足的光芒。得以展露其独到的打造和修理武士刀的技艺,让名刀风华再现,更是谢锦钟最大的骄傲。

四百岁的古刀若有情,也当因为有此相知相惜的武士刀艺师而不寂寞吧!

台湾文化界的"黑手帮"

大有制墨厂

台湾的老招牌武林之中,有一个隐身在俗世里的"文化黑手帮",现任帮主为陈嘉德。话说金庸笔下武功招式中名气最响亮的"降龙十八掌",由郭靖、洪七公、乔峰发扬光大,耶律齐之后失传,到了元末时只剩十二掌,史火龙死后从此不见于世。我强烈怀疑陈嘉德那来自福建省福州的师父林祥菊,就是其后的第 N 代弟子。

文化黑手帮,苦尽甘来翻红

文化黑手帮的帮主陈嘉德十四岁时跟着师父习艺。在这三年四个月间,师父、师娘待他视如己出,毫不藏私地倾囊相授;十四年后,他离开师父、自立门派之时,师父留下一条锦囊妙计,要他斗智而不斗力。

上个世纪八九十年代,当他一手创立的"文化黑手帮"势力日渐衰微之际,他藉着师父当年的提点得以洞察先机,重新开创新局。二十余年来,虽还未能建立非凡大业,让帮中事务横跨浊水溪南北,但已有由黑翻红的态势,一切指日可待啊!

"文化黑手帮"在不起眼的小空间里建大业。

低调不奢华，帮主豪气好客

要想探访文化黑手帮、拜会陈嘉德并不难。帮主为人豪气好客，不拘小节，若组团一同前往他最开心；但要他百忙之中拨冗相见，事先飞鸽传书敲定时间还是必要的。虽说要找只鸽子也不难，但不必那么麻烦，拨个电话给他的小公子陈俊天即可。

地点知道了，门牌号码要记牢，否则花了时间还不见得找得到。都说此帮是隐身在俗世里啦，所以它是彻底的低调、彻底的不奢华。想我那时在三重三和路三段的街巷中穿梭寻找，可是好不容易才在一排旧住宅中发现了这间随意在铁卷门上写了几个字的小矮房。

差点忘了说,如果以为上头写的是"文化黑手帮",那大概一辈子都找不到;那是江湖中的俗称嘛,要找的是"大有制墨厂"。简单到连店招都没有的制墨厂,只要稍不注意就会悄然经过而不自知。

掌中功夫出神入化,开创新局

没错,陈嘉德是搞文化的黑手——制墨的手哪能不黑?要揉、要捶、要敲、要搓,制作圆形墨,必须将墨团不断捶打、揉搓至发亮而没有皱痕,没有出神入化的掌中功夫行吗?就算没能继承传说中那剩下的降龙十二掌,也还有八掌用来调配原料、辗制墨团、敲打墨团、揉搓墨团、等量入模、压轧成型、修剪墨条、阴干墨条。

"文化黑手帮"帮主陈嘉德与其子陈俊天(右)。

而且制墨跟龙也大有关系。好的墨,轻(掂掂看)且脆(敲敲看),香(闻闻看)且亮(磨磨看),但民众也会从墨条的外观来挑选,看的是上头压印的文字跟花纹(由不同的木模压制),墨通常以此命名。帮主说墨名决定销量,现在卖得最好的墨条之一便是"彩龙墨",龙纹、描金,由七十余年历史的老木模所制。上个世纪70年代,

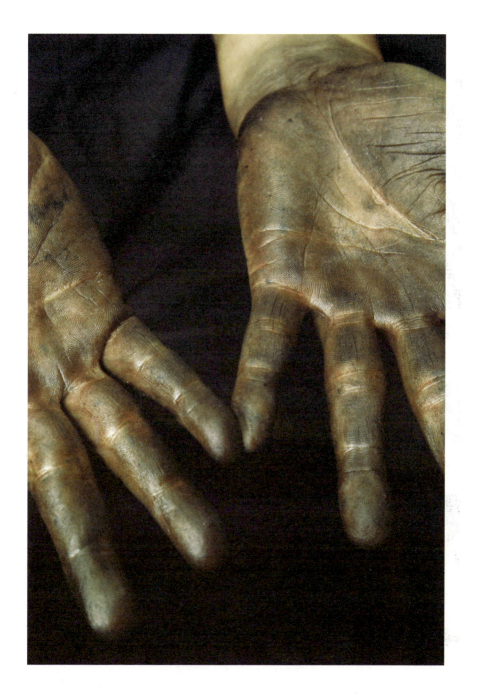

彩龙墨上刻着相传为制墨祖师爷的"曹素功监制"。

陈嘉德精制的"手印墨"。

陈嘉德创帮,当时是台湾制墨的全盛期;十多年后,外销市场受到大陆廉价墨条竞争的冲击,他一度萌生退意。后来他想起师父的锦囊妙计——若有人低价竞争,就要放弃原有的路子,改走高级制墨。于是,他一次次尝试,使用贵上好几倍的上好材料,有过因为弄错比例而毁掉二百斤墨的惨痛经历,终于找到了最佳的原料比例,开拓了制墨的新局面。

之后,陈帮主更自创"手印神功",以手握压墨条,将指纹印在上头,再加盖他的刻章,这就是现在店里最热卖的"手印墨"。2003年,他获得"薪传奖"民俗工艺奖项的肯定;2005年,他制作的5斤重、50厘米长的墨条打破了世界纪录。如今,小小的制墨工厂兼售墨店铺里继续演绎着台湾文化黑手帮的传奇,陈嘉德帮主直率地说:"现在全台湾只有我用手工制墨呢!"七十高龄的他,穷极一生钻研制墨工夫,独撑全台唯一的手工制墨文化,够格称为制墨大师。

长达50厘米、重达5斤的巨大墨条。

台湾文化界的"黑手帮"——大有制墨厂

小常识

如何判断墨的好坏

- 轻且脆：掂掂看，好墨轻巧，差的墨则沉重。
- 敲敲看，好墨清脆，差的墨则音沉。（请小心一点，好墨摔了容易碎）
- 闻闻看，好墨有自然香味，差的墨有化学臭味。
- 磨磨看，好墨易发有亮泽，差的墨难磨且黏稠。

制墨的程序

辗制墨团：将黑色的松烟粉末与牛皮胶糅合，加入麝香、冰片，以辗制机将原料辗细，依温度、湿度调整时间，制成墨团。(1)

敲打墨团：将墨团放置在敲台上敲打，以排除空气。(2)

揉搓墨团：将墨团放置在砧板上，下方置火炉以软化墨团，反复揉搓使之密实。(3)

等量入模：依大小称重后，将墨团置入木模。(4)

压轧成型：将木模置于制台，利用杠杆原理将墨团加压成型。(5)

修剪墨条：隔日取出墨条修剪边角。(6)

阴干墨条：为避免其弯曲需反复翻面，阴干墨条需时25天至2个月，视气候而定，最后绘图描金。(7)

一手操弄江湖历史

小西园掌中剧团

"有一年,庄里天公生／公厝的曝粟仔场,掌中剧团／做戏拜天公,阮最爱看的彼仙／为江湖正义走纵的,木偶戏尪仔／姊夫就是掌中剧团／搬木偶戏尪的头师,彼一年／姊夫的剧来庄里公演／锣鼓声中,西北派打倒东南派／阿姊彼时犹是／十七八岁的姑娘,有一日／走去剧团找弄戏的头师／娇声柔语,东南派拍赢西北派……"这是向阳在1976年创作的台语诗《搬木偶戏的姊夫》,从小孩的眼光看姊姊与姊夫的感情世界,用木偶戏里非黑即白的两派来做比喻,极妙!

创造台湾民众的集体记忆

更妙的是,他用几行诗句便道出了木偶戏这项台湾传统表演艺术的特质——"为江湖正义走纵",这是传统戏曲武戏剧本的必要条件。从1913年建立起金字招牌的"小西园"演出来看,不论是经典长篇巨作《隋唐演义》、传统戏码《古城训弟》,还是小西园现任团长许王艺师编写的《魏征斩龙王》,抑或是许王早年自创、轰动北台湾木偶戏界、创下连演十二年的惊人纪录的长篇剑侠戏《龙头金刀侠》,白一定要战胜黑是表面,骨子里的忠

布袋戏创造了台湾庶民的集体记忆。

孝节义才是文化传承的观念。

　　向阳也点出了木偶戏就是掌中剧,主演的演师叫"头师",锣鼓指的是"后场"音乐,"彼一年""来庄里""做戏拜天公""公厝的曝粟仔场"则表述了剧团常在各个节庆庙会巡回演出外台戏的时空性质。而"阮最爱看的"并非个人意见,木偶戏从清朝中叶自泉州、漳州引进台湾之后,百年来已发展成台湾独特的文化。不论是古典的掌中戏还是历经电视时代发扬光大的金光(刚)戏,都在台前和电视机前创造了台湾民众的集体记忆。难怪吴明德在《台湾木偶戏表演艺术之美》一书中称它是"台湾在地文化的骄傲""台湾民间最生猛独特的表演艺术"。

戏状元，搬戏的巨人

掌中剧团的传承方式是父传子，学"搬戏"和学习其他传统技艺不同，不可能三年四个月就"出师"，几乎都是从小跟着父亲边看边学。

许天扶（许王的父亲）在新庄创立小西园掌中剧团后，没多久便与大稻埕的名戏班分庭抗礼，演出活动繁多。许王（1936年生）三岁就会帮忙打鼓，才五岁便站上板凳助演，十五岁时担纲主演，十七岁接掌小西园。看似年纪轻轻就当头手、带领剧团，却是拥有已学习超过十年的扎实技艺。

他不只操偶技艺精湛，念白古雅优美，更集编、导、演于一身，故被戏界称为"戏状元"，极盛期一天演出两场，一年演出三百多天。从艺一甲子、主演半世纪的他说，年轻时搬戏是为了生计，后来则是因为使命感。直至2004年11月因脑溢血倒在保安宫前的表演舞台上，他演出的场次超过两万场。

同一年，投注心力将他的剧作手稿整理成册并开发、制作、保存戏偶的长子许国良过世，担任助演的次子许国贤成为植物人，许王自身也遭受了病魔的打击。但这位"搬戏的巨人"并没有倒下。不能在台上演出，他转而积极培育布袋戏人才，依旧领着子弟兵巡回演出，致力于保存相关文物，让他心爱的掌中戏得以传承。

年轻时敲打单皮鼓的许王（小西园提供）。

征战五大洲的压箱宝

布袋戏所需的材料、资源，在 1949 年之后、两岸未通商之前不易取得，偶头、"尪仔衫"皆然。小西园戏路广，需求量大；演出场次浩繁，耗损量也大。许娟娟提到，她的母亲、许王的妻子许黄阿照曾亲手缝制戏偶服饰。当时永乐布市热闹非凡，许黄阿照在其中寻找零头布料、珠饰、亮片、金葱线等制作"尪仔衫"的材料。她不只和传统中国妇女一样，在背后默默操持家务，让丈夫能无后顾之忧地出外打拼，还以积极的行动支持夫婿的表演事业。

如今，"大稻埕戏苑"就坐落在永乐市场九楼，每周都有偶戏演出，别具意义。而她曾经创作的这些作品，历经多年仍散发出华丽光彩，仿佛穿越了时空，将大稻埕永乐布市的繁华景象再现眼前。

许王收藏的木偶戏相关文物，样样都富含历史意义与文化价值。一座由台湾师傅雕刻而成的"彩楼"，跟随他在海外巡回演出多年，可说是征战足迹踏遍了五大洲的压箱宝，弥足珍贵；谈起"阿森头"，那又是另一段故事……

许黄阿照用行动支持夫婿，亲手缝制的"尪仔衫"（韦玮／摄影）。

台湾彰化名师徐祈森雕刻的"阿森头"(韦玮/摄影)。

1949年以前,木偶戏的偶头多是由泉州进口,有以泉州地名花园、涂门称之的"花园头""涂门头"两大主流。小西园创始人许天扶于1952年退休,将戏笼均分给许钦、许王兄弟,每人分得戏台一座、戏偶85尊。许王保存的"花园头"——包含了江加走、江朝铉、江碧峰三代和江朝铉首徒黄义罗的作品,就是许天扶留下的。

1949年以后,泉州的资源断绝,台湾戏偶却开辟出另一片天空。泉州的古典偶头较小,台湾雕刻师有了宽广的试验空间之后,顺应表演需求制造出较大的偶头。台湾彰化名师徐祈森雕刻的被称为"阿森头"的偶头,尺寸明显变大。

名师制造的"阿森头"当然是大家抢着要,但许王却有第一优先权,靠的是他的"阿莎力"作风。雕刻的偶头达到一定数量之后,刻偶师傅就会北上贩卖,首站绝对是小西园。许王不但对戏偶需求量大,演出量多的他手上有演出费收入,总是以现金支付,不啰唆不砍价,这样的好客户哪里找?

演活戏,传承意

小西园不只操偶的演师了得,后场乐师的本事也让观众津津乐道,因为他们能"演活戏"。敲打单皮鼓、扣仔板的"打鼓佬"负责武场,吹奏唢呐、拉弦的"头手弦吹"则是文场总指挥;演

谢耀铭(右)走向台前吹奏唢呐,让小朋友认识后场音乐。

孩子目不转睛地盯着场上的精彩演出。

出时乐师们不看乐谱,而是看"头手鼓"(就是第一鼓手的意思,打鼓佬可能不只一个)的手势,配合着出场戏偶的身份和身处场合,当下该敲打什么样的锣鼓点、该吹奏哪个曲牌、该哪帮头师"帮腔",前后场和乐师们都有着合作无间的默契。

就像现在电视节目里能适时为艺人弹奏音乐或做出音效的乐师一样,小西园的后场能加强演出效果。二胡可哀伤可逗趣,敲锣打鼓要活泼要威武都行,也许加入唢呐增添热闹,来几个吼声帮腔好壮大气势……随时制造生动的氛围,使表演更出色,说是把戏给演活了一点儿也不为过。只可惜,随着演出市场的式微,众乐师齐聚的盛况已不常见。

那天,新竹生活美学馆与新竹市政府共同主办2012年校园巡回演出推广活动,小西园受邀至老挝演出。小西园第三代、许王四徒施炎郎担任主持,跟台下小朋友解释,尚未穿上"尪仔衫"的木偶有着布内套,身体像小小的布袋,所以有"布袋戏"之称。而为了让小朋友认识后场音乐,施炎郎请小西园"头手弦吹"谢耀铭走到台前拉弦、吹奏唢呐,马儿的嘶鸣、婴儿的啼哭……玩出各式音效。

当日上演的是获2005年布拉格第九届世界偶戏比赛最佳演出技巧奖的《台湾庙会》。许王为了让国际人士同乐,减少了口白,剧中模拟传统庙会里的杂耍、迎神轿、舞龙舞狮、踩高跷游街,深受外国朋友喜爱。而在台湾,下一代的台语能力大不如以往,也适合看这出戏。

我看着坐在一旁观看子弟兵演出的许王。台下的小朋友被戏里精彩的舞龙舞狮表演吸引得目不转睛,不时爆出欢呼声、笑声;这位搬戏的巨人也灿烂地笑着,我在孩子们和他专注的眼神里,似乎也看见了希望。

小常识

等待上场的戏偶被悬挂在彩楼后方的丝线上。

三大异称

木偶戏：木偶戏偶的头、手、鞋均以木头刻制，故称木偶戏。

布袋戏：戏偶的身体仿佛一个小布袋，故称布袋戏。

掌中戏：身体部分的袋内中空，偶师将手掌伸入其中操作，故称掌中戏。

彩楼

传统木偶戏的戏台又称彩楼、柴棚。这个迷你小巧的表演舞台，不只有让操偶师呈现精彩技艺的实际功能，也充分展现了传统木雕艺术之美。

后场

木偶戏的"场面"(传统戏曲的音乐伴奏)陈列于舞台后方,故称"后场"。台湾古典木偶戏最早以典雅清丽的南管音乐伴奏,之后逐渐被活泼热闹的北管音乐取代。小西园还加入了京剧锣鼓的元素,让演出更加丰富。

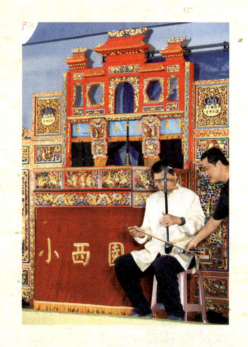

小西园第四代邱文建示范"翻身"等武戏动作。

巧手，成就经典美丽

荣一唐装旗袍

旗袍赋予了女性一种东方独有的细腻、温婉、古典、含蓄、高贵的美感。从上个世纪30年代以经典影片《神女》红极一时的电影明星阮玲玉，到1943年身着一袭黑色旗袍在美国发表演说，用美貌与智慧折服了美国人的宋美龄，再到上个世纪40年代穿着色泽淡雅的丝质碎花旗袍，用华丽的文字征服了无数读者的张爱玲，以及她的小说《倾城之恋》里的白流苏……

她们穿活了它们

2000年在《花样年华》片中展示了几十套旗袍并拿下第三十七届金马奖最佳女主角，因而引发了一股旗袍风的张曼玉；2008年为宣传金马影展，着旗袍化身《花样年华》主角人物的林志玲；总是中性打扮的超女歌手李宇春，穿上旗袍竟艳了起来；还有2011年台北电玩展，以惹火身材掀起话题的旗袍辣妹们。也许有人觉得低俗，但若能因此让新人类为旗袍点个赞，有何不可？

连当红的国际巨星女神卡卡来台，台中市政府费尽心思制作的独一无二的纪念礼品，竟是邀陈华为她画的一幅有台中地标湖心亭、演出地点圆满剧场，且在画中穿上旗袍的女神卡卡

旗袍蕴含着一种类东方独有的美感。

的水墨画。

细数这些女人,与其说旗袍美化了她们,不如说是"幕前"的她们将旗袍穿出了生命;但成就这经典美丽的"幕后"推手,正是拥有一双双巧手,能够画、裁、缉、缝、归、拔、敷、嵌、滚、钉、烫……的旗袍师傅们。

多一分减一分都不行

制作旗袍的第一个步骤原本是裁剪纸型并检查裁片,核对纸型是否正确,肩肋、下摆是否等长、等宽……但荣一旗袍店的许荣一、许义熇这对师兄弟,却是直接用"粉线袋"在布上画好一条条直线、曲线,不用粉饼、不用弯尺,拿把剪刀就直接裁出了一件旗袍的样子。

在一旁的我看傻了眼:"这样算打版吗?万一裁错了怎么办?"

眨眼间就把歪斜的线条拉直。

两位师傅哈哈大笑说:"这也是打版,只是没在纸上打版。现在只有旗袍行业还在用这种'手打版'的剪裁方法,而且即使是做旗袍,这样的裁法也少了。"看似简单,却是几十年功夫的累积啊!

我只看过那种三角形的粉饼,看着一条条蓝色、粉红色、白色的线,直呼有趣;许义熇便让我试着用粉袋画线。我原本兴致勃勃,但粉线袋一握到手里便紧张了起来;即使已经小心翼翼,但画在布上的线还是歪斜的。"怎么办啊,师傅,擦得掉吧?""不必那么麻烦啦!"许师傅接过粉袋,轻轻弹一下,刚刚被我弄得歪斜的线条马上被"救"了回来,精准无比。

旗袍的制作,从量体、打版、制图、剪裁、缝纫、装领、做钮扣、打套结、熨烫……都必须如此精准,得圆、直、顺、平整、服贴、对称、一致、牢固,哪里该归拔、吸进、收拢,多一分减一分都不行。如裙摆必须开衩,但又不能开太开,若两边长短不一、夹里松紧失当,就会有起吊的现象,因此旗袍的裙摆开衩处还得贴合收拢得起来才算成功。

各种滚边、镶边、嵌边则是旗袍装饰常用的特殊工艺。滚边的配色通常用旗袍本身的底色,若旗袍上有图案,会采用图案中的一种颜色。有一种宽版的滚边叫"如意",这种细致的做工能提高衣服的身价,所以现在改良式的旗袍也会加上如意,但样式有所不同;而且滚宽边没做好就会卷起来,得传统的师傅才有办法将它的边角

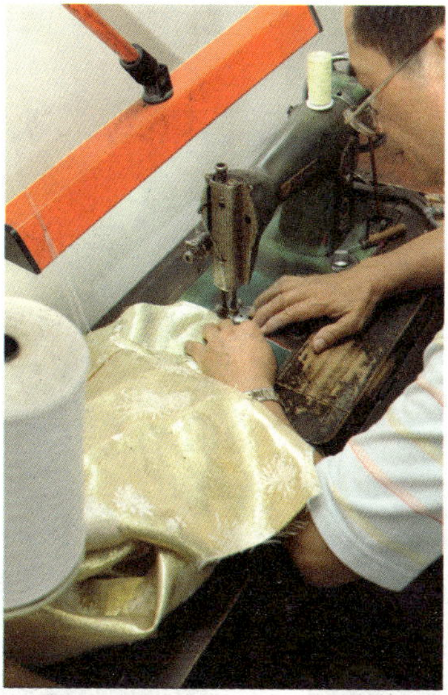

旗袍制作讲求精准，多一分减一分都不行（师弟许义熇）。

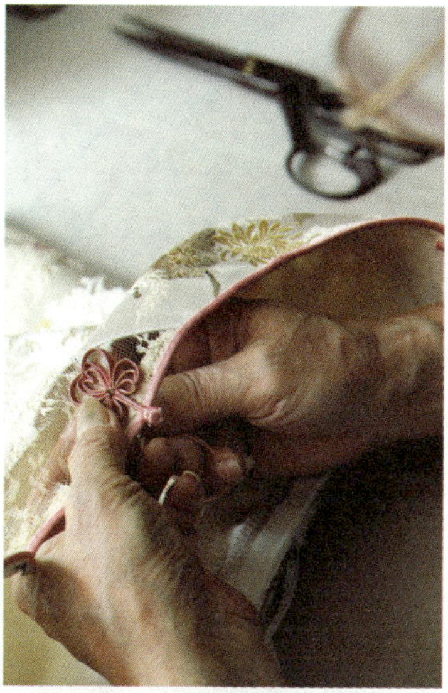

一针一线都是文化经验的传承。

做得服贴漂亮。如意一旦做得细致，就会让旗袍看起来更加高贵。

不断学习的艺术

许荣一用几句话便带过一个复杂的工序，但是每一个步骤，不论是领口、衣襟、开衩、滚边……都是文化与经验的传承。才看他剪布缝好直扣，又见他拿起一个小镊子做辅助，三两下就打好一个“葡萄扣”（钮扣结）。我本来以为旗袍上的直扣都是用车缝的呢！“不行啦，用车缝的会看到缝线，那能看吗？”原来，连这样的小地方，都是靠着师傅一针一线、熟练地来回穿梭编织而成的。他那双又快又巧的手，不只台湾的老顾客欣赏，就连日本客人来台停留几天，也都一定要来量身，做一件手工旗袍回去，才觉得不虚此行。

上个世纪四五十年代是手工定制旗袍的高峰，许氏师兄弟的

师父毕松林(前右一)和许荣一(后排右四)、许义燸(右三)等众师兄弟合照(许荣一提供)。

师父毕松林的布庄里有二三十个师傅,有些大型的旗袍店甚至有四五十个师傅。许荣一说,自己现在的心态已经不同了,不是把做旗袍当成赚钱的事业在做,而是当成做一件艺术品,不断在新和旧、传统与改良之间碰撞。"做手艺不是出师之后就够了,一定是活到老学到老!"新的工艺、新的做法、新的看法,做了半世纪旗袍的许荣一仍在不断地学习。

当我提到现在的"改良式旗袍"时,看到许师傅微微撇嘴,一丝不以为然的神情从他脸上掠过。其实,他并不是觉得像买成衣一样地随意买件旗袍来穿有什么不好,只是,当越来越多年轻人从网络上找到"荣一唐装旗袍"而跑来定做,当旗袍已经开始走向国际化,许师傅尽管认识到现实,却仍坚持"原味"。

所谓"原味",并不是不碰撞、不改变,而是执着于每一道细致的做工。导游张小姐大老远从三峡来拿定制好的旗袍,许荣一说为了方便她上下游览车,所以依她的需求做得宽松一点,也让开衩高一些。林志玲当年为宣传金马影展做了一件手工旗袍;墙上的照片中,身材曼妙的林志玲穿着许荣一亲手制的旗袍正微笑着。眼前的张小姐则有着丰满的身材,当她换上旗袍,许荣一满意地打量着自己的作品。"旗袍不是身材好的人才能穿!"在许荣一的眼里,每个女人都能将旗袍穿得好看,但要有好的师傅为她量身打造;每完成一件旗袍,对他而言,就是完成了一件艺术品。

小常识

如何分辨旗袍制作的好坏

- 外形美观，各部位皆符合成品规格要求。
- 两领头平整、圆顺、对称，装领两端平齐、无歪斜。
- 胸部饱满，吸腰正确，摆缝顺直，拉链不外露。
- 滚边顺直，平整服贴，宽窄一致。
- 钮扣位置正确，盘花左右对称、牢固，无歪斜，无毛露。
- 肩缝顺直，装袖圆顺，左右对称。
- 开衩顺直，长短一致，夹里松紧适宜，合并收拢，无起吊现象。
- 外观熨烫平整服贴。

"归拔"工艺

由于传统旗袍结构线的特点，必须通过"归拔"工艺进一步造型，对凹势部位进行"外拔"、"里归"，使衣片与体型特征相吻合。需要归拔的部位有胸、腹、腰、背、臀、肩、袖等处。

胸部及腹部：在乳峰点位置斜向拉拔，使胸部隆起；如果腹部略有隆起，也可斜向拉拔，并同时归拢前腹部，使前片中线呈曲线形。

腰、背及臀部：归拔腰节处，摆缝向臀部归拢，使前身腰部均匀地吸进；在背部位置斜向拉拔，拔开背部，使背部隆起；臀部位置斜向拉拔，拔开臀部，使臀部隆起。在以上部位拉拔的同时归拢后腰部，使后片中线也呈曲线形。

肩缝部位：归拢后肩缝满足凸出的肩胛部位之需要。

袖隆部位：后袖隆弧线处稍作归拢，使袖隆圆顺。

滚（绲）边

各种滚边、镶边、嵌边是旗袍装饰常用的特殊工艺手法，滚边的作用是包裹旗袍的开衩和开口处，用来滚边的布叫滚条，通常用旗袍本身底色的布（若旗袍上有图案，滚条的颜色采用图案中的一种颜色）或丝质的绢做滚边。

滚边依做法的难易收不同工钱，分为单色镶边、单色滚边（方角滚边）、滚嵌滚（方角嵌滚）、嵌边（圆角嵌边）、混合滚（嵌镶滚）。

滚边依单双、粗细分为单滚：滚条较细，较受欢迎；一分滚：较单滚宽；双滚：滚条较宽，用两种颜色、一般宽的滚条；三分滚裆条：一条较细、一条三分宽。

开衩

旗袍贴身,为了行动方便所以有开衩。从前旗袍开衩到膝盖的位置,但随着时代的改变,开衩的高度亦随之往上。旗袍的衩愈高愈能突出女性腿部的线条,选美时参赛者所穿的旗袍开衩特别高就是这个原因。

一甲子的"毫"门史

郭家笔墨庄

台湾本地人制笔的门扉,咿呀一声被推开。1929年,郭家与制笔的文化薪传结下了不解之缘,而台湾制笔业的辉煌历史也在那时写下了最初也最重要的一笔。

郭文溪是制笔工艺的顶级大师。已经八十高龄的他,不但是具有最久制笔经验的艺师,也是现今能独力完成极尽繁复、多达120道制笔步骤的第一人。身体健朗、精神矍铄的他笑称自己不过是一介莽夫,问他如何能传承精致的制笔技艺,他说得云淡风轻:"靠的就只是尽心而已!"

这样的他,创造了全台知名的"郭家双宝"。两管大笔分别由肖楠木、桧木所制,笔头至少要50条马尾才能制成,笔身连笔头长达4米、重达70公斤,蘸上墨之后更接近百斤,得两三个壮汉合力才能组装起来。制作一支巨型毛笔,从构思、画草图到实际制作并完成,需耗时足足八个月;而且制笔有一定的工法和要求,一旦开始,其间可不是想休息就能休息的。如此"莽夫",拥有的是过人的专注力和毅力,才能创下世界最大型可书写毛笔的吉尼斯世界纪录。

"天下第一大笔王",创下了世界最大型可书写毛笔的吉尼斯世界纪录。

全台百家笔庄的极盛时期

书法和毛笔虽是中华文化的精粹,但制笔的技术并未跟着明末大批随军或经商来台的汉人传入;迟至清朝末年,才有来自福建安溪的张姓制笔世家到台湾佳里、新营、下营一带贩卖毛笔。这批安溪人之中,有人在府城定居,为台南的制笔产业奠定了基础。

而郭家与制笔结下缘分,则起因于郭文溪的父亲郭老得。当时有张氏家族成员张扬师傅来往于安溪和府城之间出售毛笔,郭父在下营乡的村落里贩卖杂货。热心助人的他,体恤出外人的舟

一甲子的"毫"门史——郭家笔墨庄

郭家笔墨庄的制笔工坊。

位于台南的"忠文堂",其前身即为"太阳堂"笔庄(郭家笔墨庄提供)。

车劳顿与孤苦心情,总留张扬住在店中。张师傅听闻郭家长子郭海水打算到外地习艺,念及两人情谊,便倾囊相授精湛技艺于郭海水。

1929年,郭文溪的长兄郭海水习得技艺之后,前往台南市自创了"太阳堂笔庄",其间更精益求精,向来台贩卖制笔原料的日本师傅请教,使自己的制笔技巧更上一层楼。上个世纪三四十年代的府城人文荟萃,太阳堂宛若现今的艺文沙龙,不论政商名流或艺术家,都习惯不时来这个文化交流站走动。郭海水常将二弟郭孟轮和三弟郭文溪带在身边,以长兄兼师父的身份严厉教导。郭文溪经历了比一般学徒更长的六年学徒生涯,

郭家以胎毛笔发展制笔事业的第二春，并开发出多元的周边商品。

才在大哥的肯定下独当一面，之后还独力前往高雄创业；郭孟轮则到嘉义创立了云嘉地区唯一的传统毛笔专业制造厂"政文堂"。毛笔产业极盛时期，全台有上百家笔庄，其中八成毛笔产自台南地区。郭氏一家不仅投入了台湾制笔产业，也创造了属于他们的光辉岁月。

胎毛笔先锋，世界大笔王

当原子笔出现、用毛笔书写的年代过去，制笔市场开始萎缩，郭文溪决定从高雄转往台北发展。开朗、豪迈的他笑言并未放弃制笔事业是因为他只会制笔，而且辛苦学来的技艺不能轻易放弃。只要还有客户需要，他就要坚持下去。

上个世纪60年代，郭海水到日本学习胎毛笔制作，郭家从此走入了胎毛笔制作的专业领域，开创了制笔事业的第二春。郭文溪在儿子的建议下开始开拓胎毛笔市场，之后更通过网络进行推广。脑筋动得快的儿子还开发出周边商品，如和胎毛笔同样具有纪念价值的脐带印鉴、玉佩等；为了更加符合年轻人追求流行与时尚的市场需求，他还将脐带系列商品的亚克力材质改为水晶、琉璃、琥珀、蜜蜡、玉石等多元材料，让产品更加畅销。

一甲子的"毫"门史——郭家笔墨庄

一支笔,百二工。

胎毛笔事业日渐兴盛之余,郭文溪认为仍不能忘记祖业,要以胎毛笔事业来支撑传统毛笔的制作。他发展定制化手工毛笔,但拒绝网络下单,要求客人必须亲身到门市试笔,因为他要为客人量身制作一支写来得心应手的好笔。

郭氏毛笔家族有创新,也有坚持。在这样的理念下,他们已在台湾各地建立起八间由郭家人经营的笔庄,未来还希望能将制笔文化拓展到东台湾。

以"人"养"艺"的工作哲学

回忆起年少时的学徒阶段,郭文溪谈到一般学习制笔工艺需要三年四个月的基本工。而毛笔原料昂贵,即使依照步骤制作,也会耗损 3/4 的毛料才能制成,习艺未成的学徒更会浪费掉许多毛料,所以学徒至少得经过两年的观摩才有资格开始学习初步的"取毛料""梳整毛料";而且梳整毛料、去除废毛时,用的是尖锐的牛骨梳,手若不够稳,拿起牛骨梳可是会把自己的手刷出累累伤痕。也因此,学制笔要等打好了基础之后,才可以进阶到"齐毛锋"等更精细的工作,马虎不得。

制作毛笔的工具简单,但工序却极尽繁杂,需耗费相当大的心神、体力,稍一闪神,手里的牛骨梳就会刺伤手指;而且"一

郭家笔墨庄见证了台湾制笔业的发展史。

支笔,百二工"(制作一支毛笔要大大小小120个工序)的制程大多必须在水中完成,相当艰苦。

要完成尖、齐、圆、健的好笔,制作过程马虎不得;也唯有经验丰富的老师傅,才能依据毛笔的用途、毛料的特性做出质量优良的毛笔。因此,制作能够书写的巨笔极不容易,所以当他在1994年制成长3米余、蘸墨后重达70公斤的大笔,让书法家写出一个八层楼高的寿字之时,便获得了"世界大笔王"的封号,台湾的大笔也几乎都出自他之手。

但郭文溪并不因此而志得意满。毛笔工艺上的成就他在意,但他更在意自己作为人的价值。从小父亲就注重孩子品格的养成,教导他做人需中肯。他认为应以"人"养"艺",人格出众,技艺方能凸显。他也提到,就像做人要有格一样,传统工艺也有"格",工艺的格在于选材做工的实在,而且要兼具美感与实用性,才能建立起信用和口碑。郭文溪所谓的"格",不就是设计师和厂商创造商品的"品牌精神"吗?

郭文溪说自己是用真感情、真性情来"做工"的人,而且要做什么像什么,所以他重视制笔的工作,也重视被采访报道时推广毛笔文化的工作。可不是吗?制作毛笔逾一甲子、手底出产超过250万支笔,郭文溪源源不绝的动力正是来自他中肯、尽心的人格特质。

小常识

毛笔的制作流程

笔芯原料配制：以指甲抠除残留兽皮并分类整理。(1)
刷除杂毛（去毛蒂）：以牛骨梳梳出毛蒂及绒毛。(2)
整齐毛锋：将毛锋整齐排列。(3)
裁尺寸：裁切所需长度。(4)
卷制笔蕊：以平口刀挑取毛片后，用手指轻卷笔蕊。
去除失锋杂毛：以尖钻挑除失去毛锋的杂毛。
绑线：笔头充分干燥后用尼龙线绑紧。
上胶：以特殊强力黏胶将绑紧的笔头黏上笔杆。
定型：以石花菜胶将笔毛定型。

如何选购毛笔

"笔有四德，锐齐圆健"，以此作为选择基准：
尖：笔锋尖如锥状，毛料根根出锋，毛身挺直。利于勾。
齐：笔锋毛铺开后，锋毛整齐。利于吐墨均匀。

圆：笔身圆润饱满如柱，覆盖毛均匀，笔锋要正。利于均衡出力，书写流利不开岔。
健：毛料之间贴衬得宜。利于笔锋有弹性，绘画书写时能显现笔力。
记得要求店家将笔泡水软化。轻压，看看笔锋是否平整；沾水，观察外观是否圆润；试写，确认软硬是否合用。此外，笔杆部分要坚、重、圆、直。

毛笔的分类

毛笔可分为羊毫、狼毫、兼毫：
羊毫：以羊毛制成，较软，含水性特佳。
狼毫：以黄鼠狼的毛制成，较硬。
兼毫：混合两者，较有弹性。

毛笔的制作并非只用羊、狼的毛而已，制笔工艺师会依书画家需求提供定制化的制笔服务，马毛、猪鬃、鹿毛，甚至狸毛、猫毛、鸡毛、麻丝等也都是制作毛笔的材料。

何谓"状元笔"

相传唐朝时，有一书生带着自己的胎毛笔赴京赶考，之后高中状元。众人纷起效仿，故胎毛笔又称"状元笔"。

新生儿的胎毛尖细，能形成笔锋，适合制成毛笔；成人的发丝硬，不能形成笔锋，无法书写。

胎毛笔制作习俗如下：婴儿出生24天（象征二十四孝）时剃发制作；准备鸡蛋（脸蛋好）、鸭蛋（心肠好）、6个铜板（富贵）、葱（聪明）及石头（头壳硬），为婴儿讨吉利。

暖一辈子的绵绵祝福

吉祥棉被行

在我的童年记忆里,每到冬天,母亲就会从橱柜里翻出一条足足十斤重的棉被。少了着凉的担忧,寒冷的季节蜷卧在暖暖的棉被之中,幸福满溢。

不过,回到现实,对于棉被,我好奇的是:究竟是机器制作的质量好,还是手工的料实在?拆一床旧被所费的工比做一张新被还多,且再加个几百块就能买一条全新棉被,为什么还要把旧被翻新呢?带着这些疑惑,我朝着金山的金包里老街出发,走访已经走过一甲子的"吉祥棉被行"。

旧棉被传心意

走近棉被店后方,轰隆隆的机器声传来,一台年届四十岁的开棉机正在运转,老师傅吴金福和儿子吴裕隆正用这台古董机"纺"棉被。

吴金福这头将一坨坨碎棉花送进机器里,另一头的吴裕隆随即把压出的棉片用细竹竿卷成滚筒状,让棉片不断裂,只消十分钟便完成了"整棉"这个制作棉被的第一个程序。过程中较硬较重的棉屑被筛到下方,去除了这些杂质,棉片才能雪白、柔软。

这部古董开棉机至今仍是"纺"棉被的重要设备。

看着倚靠在墙角的一捆捆像极了巨大棉花糖的棉片卷，我心里想，这么简单？把这些棉片铺好、装套，不就是棉被了吗！

此时吴金福转过头来，指着一袋明显"不白"的棉花说："这是客人拿来要翻新的旧被，比做新棉被还麻烦，不能直接放到机器里，要先用手把它撕开来。"原来"重新建设"前得先"破坏"，通常得耗上半天，等于多花一二十倍的时间，有够"厚工"；顾客则需支付工钱，如果觉得不够暖，添新棉还要再加一些钱。

对店家、对顾客来说都不怎么划算，这生意还怎么继续做？

事实上，旧被翻新的背后往往有耐人寻味的故事。也许是母亲遗留给子女，也许是结婚纪念……这些"也许"被收纳在一床床被子里，感情无价！于是，老师傅多年来坚持这项服务，继续为客人传递暖暖的心意。

暖一辈子的绵绵祝福——吉祥棉被行

许许多多的情感流转,都被收纳在一床床被子里。

人工和机器较劲

突然想起,不是"手工棉被"吗,为了节省时间所以改用机器制作?

吴金福解释,开棉机确实取代了传统制被"整棉""弹棉"费时费力的工作,但四十年前开始使用开棉机,不光是为了节省人工,而是开棉机能提高棉被的蓬松度,也能使棉花的分布和厚度更为均匀;这是机器较为"聪明"的部分,不必为了拘泥在纯手工上而放弃质量。不过,接下来的棉被制作步骤:称重、铺棉、牵纱、压筛(磨棉)、修边缝边、做面、翻里、钉缝(手工缝针),可都没有省略。

在许多小地方都可以看出手工制被需要的经验与智慧。以"开棉"来说,吴金福严选较细、较扎实、较有弹性的两种美国棉来混合,由他精选的这两种棉开成的棉片质感好,盖起来也更温暖。

聊到手工弹棉,吴金福说这是学艺过程中最困难的部分。十来岁开始习艺的他,在三年四个月的学徒生涯中还无法学成,直到二十岁才出师,甚至三四十岁时才领略到弹棉的精髓。台湾潮湿多雨,棉花容易黏在弦上;如何运用棉被弓和搥弦把纠结的棉花弹松,这份"真功夫"已无缘见识,因为吴金福的师父留给他的那把"阿公级"的弓损坏了，没人会修理。

咚咚咚……"棉被弓哪在弹，人就无法困好眠。"可惜夜晚弹弓的嘈杂声已不复听见。

处处都是真功夫

开好了棉片，吴金福领我上二楼。他盯着成堆的棉片卷瞧了瞧，挑起其中两个，手持传统秤杆一称，神准！"嘟嘟好"是客人要的八斤棉。棉被以斤计算，双人被有六斤到八斤，越重越暖；有些老顾客习惯厚棉被的厚实感，觉得十斤才够。

称重之后，在一张两米见方的木桌上铺了棉布，便可着手铺棉。吴金福交叉来回一层层铺上棉片，吴裕隆在一旁补充说明："用交叉法铺棉可以让棉片充分贴合。"吴金福迅速地移动着，感觉只要一边转

吴师傅手持传统秤杆称棉。

用细竹竿，交叉来回铺上一层层棉片。

"压筛"让棉片之间更加密合。

动棉片卷铺上,一边用细竹竿轻压即可,并不难吧?

"我想试试!"吴金福应了句:"好啊。"随即把棉片卷递给我。

不是棉花吗,怎么这么重?这才想起这卷棉片确实有四斤上下啊!吴金福明明是很轻易地用细竹竿压断棉片,可是我手中的棉片却韧性十足……眼看我手持的棉片卷就要被压着竹竿的另一头给扯下了,吴金福赶紧伸出援手,帮忙把棉片压断。这下我心服口服,看似简单的技术,也不是一朝一夕能练就的。

一般的"膨被",铺棉后就直接"压筛(磨棉)",用斗(筛子)揉棉,使棉片和棉片之间更加密合、扎实,棉花"较歹落",棉被一翻、一踢,棉花才不会跑来跑去。这是手工棉被的一大优点,机器做的棉被或是价格更低的尼龙被,里头的棉花容易松动,没盖多久便会成块。此外,手工棉被也比机器制作的相对柔软、蓬松、透气、保暖且耐用。至于如何控制得既扎实又柔软,靠得是师傅的手艺,处处都是真功夫。

压筛之后,吴金福不忘细细为棉被"修边""缝边""做面",将被缘多余的棉花加以修整,缝线使之牢固,再压整一番,让内套里的棉被更好看(其实被包住后根本看不到,但这种在客人看不到的地方下功夫的坚持是我最佩服的)。接着就可进行"翻里",将棉被装进被套。

最后的一道工序是"钉缝"(手工缝针),将棉被与内套钉缝

吴金福之子吴裕隆传承了他的好手艺。

固定以防止棉片松动。只见吴金福熟练地拉着线,目测长度,开始落针,动作纯熟利落。一旁的吴裕隆也拿起针线帮忙,他笑着说:"退伍后,看到冬天旺季时日夜赶件的爸爸太操劳,才想帮忙接手。刚开始缝针会扎到手,有一次竟然还滴了一滴血上去,只好拆下整件里套,再重缝一次。"毕竟事关信誉,马虎不得。

在物资缺乏的年代有一种说法:"有钱盖棉被,无钱盖布袋。"过去,一条被子可以盖一辈子;如今,棉被不再是有钱人才能享用的奢侈品。然而,冬季里,棉被晒过太阳之后格外柔软、蓬松,将那种独有的温馨感盖在身上,是何等奢侈的享受啊!

小常识

被子的小常识：各式被子比一比

蚕丝被：触感佳，价格最高，轻暖，最透气，不可晒太阳。

羽绒被：具蓬松感，价格次之（羽绒材质好坏差异大），轻，保暖但不易透气（易觉得热），易过敏，收纳时要小心受潮，不可晒太阳。

羊毛被：具厚实感，暖，易过敏，收纳时要小心受潮，不可晒太阳。

棉被：最具厚实感，价格最亲民，斤数越重越暖，透气，晒太阳后蓬松性佳。

传统闽式街屋

长型连栋式店铺住宅，为单层带半楼式街屋（一楼为店面，屋顶部分设夹层式"半楼"作为储物间或供伙计睡眠之用），筑有红砖砌成的拱廊式亭仔脚，强调"住商合一"的功能。

通常由一批人集资兴建在同一条街的同一侧，顺应市集、买卖的需要，门面为两侧开窗、中央开门。窗户以木板榫接而成，白天木板卸下可当货架，门面随着开店收店而装卸；"亭仔脚"夏天遮阳、雨天蔽雨，不但方便行人，也利于店家做买卖。

金包里发展史

- 明熹宗天启六年（1626年），西班牙人由菲律宾率舰队抵台湾北部，活动于此（基隆、淡水、八里岔、金包里、关渡、三貂角、苏澳之间），传教重于通商。
- 明郑时期先民曾在此囤垦。
- 清朝康熙年间开始辟建街道。
- 清朝雍正末年泉州移民在此建立街市，以金包里溪为界，分为顶街（以西到今金山国小）与下街（以东到今慈护宫），金声桥连接下街与顶街。
- 清同治六年（1867年）因毁于大地震而重建。
- 清光绪二十一年（1895年）因日军焚毁民房再度重建。

剪贴心意的大厝

铭川糊纸店

正厅、左右护龙是基本款,外头筑上围墙,光是三合院的建筑体就够雄伟;庭前还建了水池,十足大户人家的气势;但还不够,两侧再各加一座金山、银山,后边搭上更高的二十四孝山;横批为"积善家",对联写着"金童接引西方路,玉女随行极乐天"。偌大的"整组"三合院,是卓家人烧给高寿的老奶奶的"灵厝",难怪三合院两旁和金银山中间的一左一右还站着金童、玉女。也就是说,这间大厝不是给人住的……

曾经,三峡

早年三峡盛产木材,寿材店特别多,丧葬相关行业聚集,离北部也相对较近,在十多年前约有六七家糊纸店。

不过这些年来,民众对传统丧葬事宜越来越不熟稔,大多将复杂的仪式交给葬仪社打理。出于成本考虑,除非丧家愿意自行负担,否则葬仪社不可能采用糊纸师傅手工制作的精细、讲究的灵厝。桃园离北部近,便发展出供应北部地区的低廉纸厝、纸扎,由师傅大略做好支架,再由未曾习艺的人手糊纸,材料和做工都能省则省,成品自然粗糙许多,但大部分丧家都还能接受。

光是三合院的建筑体就够雄伟,庭前还有水池,宜居度百分百。

社会环境的改变使得糊纸店的生意大不如前。愿意继续努力的老师傅,如百年老字号"三峡糊纸店"的两位廖家师傅又皆已逝世,好在仍有三家店硕果仅存。"铭川糊纸店"的刘文圣师傅五十岁,糊纸工艺却已经做了超过半辈子。他回忆从前若遇上"好日子",一天得跑上四五个地方,现在得靠庙会、岁时祭典、中元普度的旺季才能撑下去。

从前的民间习俗是七七四十九天才烧灵厝,在忙碌的现代则是看日子烧化;所以虽然不是旺季,接丧葬类的件可能还更赶。孩子出生有预产期,人什么时候走没法子预估。

为了在有限时间内完成接件,刘师傅想了一个同业结盟的好方法——和新庄的土鸡(本名林银城)师傅合作。刘师傅接下活儿之后,专门制作灵厝以及七月半时给"好兄弟"住的"同归所"、读书人住的"翰林院";而金童、玉女以及镇压小鬼的"大士爷"等纸扎的纸偶就交给土鸡师傅。

剪贴心意的大厝——铭川糊纸店

刘文圣师傅五十岁，糊纸工艺却已经做了超过半辈子。

采访时，刘师傅正好接了一个件——卓姓人家为高龄仙逝的老奶奶订一栋三合院，宽十尺、高九尺半，上头再搭二十四孝山就有十一尺高了！我踏进纸糊店便看到扎好的大型灵厝支架，还以为大厝就要盖好了，哪知刘师傅说还要好几天。原来这栋建筑要全部完工得花上足足半个月，而且还常常工作到半夜。

精准，功夫

糊纸这项传统民俗技艺融合了编扎、剪贴、版印、书法、彩绘等技巧。到了现代，彩绘、版印的许多部分都可用印刷好的现成物代替，不过编扎、剪贴仍旧考验着师傅的功夫。制作竹篾使用的是台湾桂竹，刘师傅先拿锯子去除前端的竹节，再用专门的器具剖开竹子，然后以柴刀削整并裁成适宜的宽度，这样才能扎出支架的经纬。

竹篾的经纬交接之处，刘师傅用玻璃纸、浆糊扎好。看起来不难，我央求他让我试试。左手压着条状玻璃纸的一头，右手正准备开始缠绕，刘师傅开口了："不能缠太用力，玻璃纸会断；不能太松，会不平。"这下我的手开始发抖……是要怎样才刚刚好？这"刚刚好"就是功夫所在啊！

剪贴心意的大厝——铭川糊纸店

骨架若歪斜，纸就无法糊得平整。

我看刘师傅眯着眼，正在校正支架是否歪斜。我也凑过去："很直啦！""在你看是直的，但是在我看不够直。""啊哟，这样很直了啦，反正只有你看得出来不直，别人又看不出来，可以了啦！""不行，一旦骨架歪了，纸就糊不平整。""那怎么办？""调啊，不然我功夫学假的啊！"支架不只有一条条经纬，斜绑的竹篾不但能加强骨架，更重要的功能是调直整个支架。

制作好骨架后，刘师傅先用一把迷你镰刀裁切白报纸，再用剪刀细细剪裁，准备糊纸。不只扎竹、糊纸，还得剪贴门框的金银边和贴花，那是师傅巧手将金银色纸一条条细细裁剪而成；屋顶的砖瓦片、瓦槽则是一张张纸折出来的；精细的花窗虽然是现成材料镶嵌上去的，但也要量得精准才行。

烧化，心意

刘师傅把搭好的三合院搬运到卓家做功德（做法事）的地方，这时装上灯泡（过去是点蜡烛）的纸厝显得美轮美奂。我以观赏的心仔细瞧着各个细节，掀开厢房的门帘，里头还有小巧的电视，另一边还有轿车、直升机，内容丰富得很，刘师傅说这些都是他"沙必私"的。

做完法事，把灵厝搬到空地上准备烧化，过程难免磕磕碰

细花窗虽然是现成材料,但仍需要精准黏贴。

把房契、库钱放到象征卓府老奶奶的人偶身后一同烧化。

碰,刘师傅便蹲下稍做修补。法师吕淑焞把灵厝的"房契"和"库钱"拿给我看,之后便将之放到象征卓府老奶奶的人偶身后一同烧化。我好奇过世的是老奶奶,怎么旁边还有两尊人偶?法师说左边是她过世的孙子,右是先她而去的老伴;老奶奶生前挂念着,所以孝眷也烧了些库钱给他们,一样放在他们身后。

我第一次看到这些仿照阳间事务的文件,一股敬意油然而生。过去只觉得这些丧葬仪式太过烦琐,如今才感受到这不仅关乎面子,也有着孝眷对死者的心意。毕竟我们对另一个世界有着太多未知,而生者不愿"见"死者无处安居,无钱花用。

灵厝烧化前,正厅前和围墙外都堆满了纸莲花。在法师吕淑焞的指示下,卓家长子卓和连与长孙以纸莲花点火。按规矩,灵厝烧化时得从主体烧起,故将纸莲花投掷在正厅前。刘师傅说

一阵风起,把孝眷心意都传达上天。

灵厝烧化时要向内倒,从此处就看得出糊纸师傅的手艺好不好。三合院先化为灰烬,刘师傅接着将金山银山向火里抛。这时刮起一阵风,把灰都扬起;法师说,这代表卓奶奶来领受了。

小常识

释教法师

　　台湾人习惯聘请僧侣、道士主持丧葬，拔渡法事，另有称为"释教"的民间宗教从业者主导人生济渡大事。主持仪式者依经历长短有高低位阶之分，位阶最高者为"首座法师"，另有"主行释师"等。释教"法师"即民间俗称的"黑头师公"。

　　释教是一种兼容佛教、道教、民间信仰的教团组织。主持丧葬拔渡法事之仪式时，以救赎、过渡的方式来拔渡亡者，进行时则以说各类好话来为孝眷祈福；除"仪式"之外，兼具"教化"——过程中宣扬孝悌、为善等伦理道德观及"娱乐"——通过诙谐的对话内容来舒缓哀伤气氛等功能。

烧灵厝的由来

　　相传唐太宗李世民游地府时，见许多孤魂野鬼四处飘荡，无处可居；于是在回到阳间后，他倡导在人死后建造"灵厝"烧化陪葬，让亲人在另一个世界也能安居。中国自此开始有了"烧灵厝"的习俗，糊纸店也因应而生。

辑二

有一种情味能百转千回

令人嘴馋的海之味

登峰鱼丸

我第一次到淡水已是国中的年纪。位于台北县的淡水,在还没有捷运的时期被家人称为偏远地区,因为光是来回就得耗掉三四个小时,得挪出一整天的时间才能驱车前往。

不像现在,睡到自然醒,午后悠然搭上捷运,半个小时便能抵达老街;逛一圈,刚好可以在河岸边、码头上享受浪漫的落日。如果去到充满异国风情的红毛城、牛津学堂、英国领事馆,则能拥有一趟丰富的文化古迹之旅。饿了,当然不能错过知名的淡水鱼丸、阿给……回程,必定得带包鱼酥、铁蛋才算来过淡水。

淡水鱼丸软脆松

我第一次吃到淡水鱼丸便觉得奇怪——不是鱼丸吗,里头怎么包着肉?幼时住在宜兰,吃的是南方澳的"飞虎鱼丸",所以一直认为鱼丸就应该实心无馅、口感较软而带着淡淡的香气。老实说,与大名鼎鼎的淡水鱼丸第一次接触时,我有点失望,因为和我印象中鱼丸该有的样子差异颇大;可一旦有了心理准备之后,第二次再相遇便能享受它的软中带Q,咬开来汤汁流泻出肉香的滋味。

虽有搅拌机,过程的细微变化还是需要老经验的师傅严密掌控。

但我形容得还不够传神,"登峰鱼丸"的老板林国峰说,好吃的淡水鱼丸必须达到"软""脆""松"(Pa,以台语发音,与"韧"相对)三者兼备;而只要是登峰生产的鱼丸,一口咬下就吃得到这三种风味。

在手工制作鱼丸的年代,一天只能产五十斤;现在全面采用机器制作,除了不必担心产量,也应该更能管控质量,追求林国峰坚持的软、脆、松这三个要素有什么难的?

原来,淡水鱼丸的制作过程中,难度最高的部分是打鱼浆:加入一定比例的盐并维持中速搅拌,才能让盐溶性蛋白质充分溢出,鱼浆因而变得浓稠、有光泽,颜色转白,鱼丸才会"脆"(有弹性);制浆时温度必须控制在5℃以下,但打浆又会使温度升高，温度一旦过高弹性就会下降，脆度就没了。而制程中对环境温度、原料比例、操作方式的掌控都必须随着鱼料的品种变化、渔场不同、冷冻环境差异而调整，因此即便经验老到的师傅也得全神贯注才不会失败。

鱼酥革命成功

至于为什么淡水鱼丸会包馅，林国峰也不了解，只知道从开业以来都延续着这样的做法。但我猜测，最早林国峰的父亲林水木是从福州学习鱼丸制作，而福州鱼丸与实心无馅的闽南鱼丸的相异之处便是其包有猪肉馅。大概是因为福州鱼丸多以鲨鱼或草鱼等不如飞虎鱼、虱目鱼那般鲜美的鱼类制作，所以才包进肉馅来增加香气吧。

早年渔业资源丰富，淡水渔获量大，渔船上的冷冻设备只冰存高价的鱼类，低价的鲨鱼肉待渔船返港已不够新鲜；所以淡水人才会说"六月鲨，狗不拖"，因为连狗都没兴趣吃鲨鱼肉。原本鲨鱼一斤只能卖一元，制成鱼丸之后的价格是一斤三元，成功地提高了鲨鱼肉的利润。

而鱼酥的出现则成功解决了鱼丸店家冰库不足以及淡水低价鱼渔货过剩的问题。林水木与合伙人许义在1961年研发出鱼酥，当时它是有酥脆口感和浓郁香气的昂贵配饭佳肴，并非现在游客必买的平民零嘴和伴手礼。多年后，台大机械系毕业的林国峰接手家中生意，更将专业优势发挥在鱼酥的制作上……

鱼酥适合低温油炸，但现成的机械设备多是高温油炸。为了增加产量并符合现代人追求健康低油的导向，林国峰决定自行研发油

炸好的长条鱼酥。

炸机器。耗时整整十年后，他终于设计出独一无二的机器，不但能用"低温焙炒"的设置把鱼酥的含油量降到最低，还能以特殊技术将炸好的长条鱼酥切成小段，取代了过去手工切段的方式。

更让林国峰自豪的是，登峰是HACCP（食品安全管制系统）工厂。他强调自主管理的精神："政府的卫生标准是最低标准，再上去是道德标准，自己不愿意吃就不要让别人吃。"不等政府来检测，登峰每日以试纸检测炸油的质量，自己来把关。

小店变身博物馆

然而，一个学机械的人开发出新机器不稀奇，身为鱼丸、鱼酥店的老板能做出好吃的鱼丸、鱼酥更不奇怪。最让我觉得有趣的是，他买下了淡水妈祖庙前的一块地，花了七八年的时间建立了三层楼高的登峰鱼丸博物馆。

博物馆的一楼兼门市，贩卖鱼丸、鱼酥以及海洋生物的纪念品（如有鱼类图案并标示鱼名的扑克牌），入口处有可前后翻转的"百鱼图"立架。林国峰站在立架前头，一面翻着几种看来相似的鱼类图片，一面为我解说相关的谚语："花飞（青飞）假巴拢（竹荚鱼）"（花飞背上有花纹，巴拢则无，但不仔细看会把它当成较高价的巴拢）。对鱼类如数家珍的他眉飞色舞地说道："同好很多，两三

林国峰制作的"百鱼图"立架鱼牌,以中英日文标示各种鱼类品种名称。

年前有日本观光客来台湾,回国之后还特地寄了图鉴给我。"

博物馆的二、三楼是展示厅,以图片、影片、器具和模型介绍鱼丸、鱼酥的制作以及捕鱼的过程和工具,旨在加深民众对海洋文化的认识。喜好历史的林国峰还不时在三楼举办淡水历史的相关展览。"现在展出的是1884年中法战争的图片。这些大图打印花了我不少钱,但我总觉得前人为我们做了这么多事,我们怎么能就这么把历史忘记……"林国峰如是说。

我看着鱼酥包装上的淡水地图和历史,中法战争、沪尾炮台等故事被印在不同口味上。为了量产制造,制造业的传统手工逐渐流逝。幸好,文化还有机会在商品上展现!

令人嘴馋的海之味——登峰鱼丸

小常识

淡水鱼丸的制作过程

绞一绞：将鱼肉切成适当大小，放进大型绞鱼肉机绞碎成泥。

打一打：将绞好的原料放进打鱼浆的搅拌机，原料要保持在低温，再依序加入一定比例的淀粉（太白粉、番薯粉）和白芝麻油、盐、糖，分次搅拌。

挤一挤：将鱼浆放进"鱼丸成型机"（机器可挤出球型丸子）制丸，包馅鱼丸一分钟可制作150颗，不包馅的鱼丸则可达到180颗。

煮一煮：温度从0℃升至95℃时即可缓慢煮熟，之后需快速降温。

飞虎鱼

即"鬼头刀"鱼，因头骨顶部隆起如斧而得名；又因在追逐飞鱼、青花等鱼群时会跃上海面，故俗称"飞（乌）虎"。

台湾四大代表性鱼丸

淡水鱼丸：唯一包馅的鱼丸，虽脆但软松，所以嚼几下便可吞下。

南方澳飞虎鱼丸：以香味取胜，加新鲜鸡蛋增加鱼肉的软Q。

台南虱目鱼丸：具特殊的鲜甜味。

高雄旗鱼丸：口感最脆、最扎实。

打开记忆的烘焙礼盒

郭元益

高中之前不停地搬家,如今回想起幼时各个居处竟然面貌模糊,只留存点状记忆:住在繁华的忠孝东路,天花板的木制隔板里有我抛上去的浣熊布偶;客人不断进出的八德路建材行兼住家,有不少花花绿绿的瓷砖;台中那后院有茂密草丛的平房,有让久居都市的我无法沉睡的蛙鸣。怎么只剩这些,多可惜啊!

如今又要搬家,从储藏空间取出吃光糕饼后留下的铁盒、纸盒、青春时的情书、旅游时收集的硬币、豢养过的宠物的毛发……

创造记忆的储存盒

所有不希望轻易遗忘的、甜蜜的、欢乐的记忆被收集起来,躲在一个小小的、装过香甜点心的盒子,藏进床底下、衣柜里,数天、数月、数年。许久以后,突然想起来,打开它,一股温柔的暖流涌来,唤醒了年轻的岁月。多么庆幸有这样的记忆储存盒。

在台湾,最早生产这种极具魅力的记忆储存盒、以铁盒包装喜饼的糕饼公司,就是郭元益。

郭元益喜饼串连起几代台湾人的共同记忆。

想到郭元益,就会联想到象征着爱情开花结果的"囍"字,印在心型的卡片、喜帖上,将新人满满的幸福传递到亲朋好友的手上。在年轻人的印象中,郭元益就像是和蔼的老公公,但却不知道他究竟有多大岁数;一听到他诞生于1867年(同治六年),往往惊讶于他的长寿。其维持历久不衰的长生之道,着实值得细究。

传统糕饼成功跨足西式礼饼

郭元益的创始人郭梁桢自漳州渡海来台,落脚于现今的士林,以祖厝堂号"元益"经营矮小的"土垄间"糕饼小铺,将自制的大饼、绿豆糕、绿豆沙馅饼等糕点装在竹笼里,挑着扁担沿街叫卖,深获乡亲喜爱,建立了良好口碑。

之后历经日据及战后物资缺乏时期,只能艰苦守成;传至第三代经营者郭钦定才冠上郭姓,成为郭元益糕饼店,在波涛汹涌的时代浪潮之中脱颖而出,写下了辉煌的饼食文化史。

郭元益的经营并非一路顺遂。上个世纪 70 年代末,传统古风的订婚汉饼市场占有率从早先的七成降为三成。虽然面临强大挑战,但老店并未被击倒。1981 年,郭元益成功研发了西式喜饼,推出铁盒装西式饼干,短短三年便在现代喜饼市场拥有了高知名度。但郭元益也继续坚持传统,1987 年创新汉式喜饼,来年更推出沿袭古老心意的汉式六礼喜饼。

只是,近年来出生率逐年锐减,市场缩小,竞争者却越来越多。为了强化体制,从家族老店走向企业化经营,郭元益任用专业经理人,以客观的评估标准预测市场趋势。之后更开疆辟土,于 1989 年开始拓展连锁事业。

从土垄间开始,郭元益开启了一根扁担的传奇(郭元益提供)。

面临挑战的郭元益坚持传统,开创了汉式喜饼的新风貌。

杨梅厂的宫廷式建筑令人耳目一新。

新设计擦亮老招牌

营业部的李惠熙经理提到,上个世纪 90 年代,现今的经营者郭荣寿总经理建议父亲改进产品包装,不但导入了中国风的典雅设计,连公司、工厂、门市的装潢也跟着气象一新,还以"新汉风"包装赢得了"十大台湾设计奖"的殊荣。1992 年完工的杨梅厂以全新的宫廷式建筑打破了一般人对工厂外观的印象,也是让郭元益由中型企业晋升为大型企业的重要里程碑。

当台湾结婚人口递减为每年仅 13 万对时,经营者已意识到相关产业的多元化经营势在必行。过去的喜饼市场以订婚为源头,一年 45 亿的市场由众多糕饼公司瓜分;但若能放大至结婚产业,就能抢攻高达 1500 亿的市场。于是,郭元益在 2006 年成立了婚纱会馆,从订婚到结婚,结合糕饼业与结婚产业的多元资源。

营销融合文化与环保

传统糕饼不只是产业,也是文化。2001 年,郭元益首创交互式博物馆——郭元益糕饼博物馆杨梅馆,一年后又增设了士林馆,由商品的直接营销跨入体验营销,从文化的角度思考,以小区传播为基点,让民众了解和体验被遗忘的糕饼文化。

糕饼博物馆杨梅馆旨在传承生命成长的礼俗文化。

不过，会好奇地围着示范制饼的师傅问问题的，通常是一张张欢乐的小脸。杨梅馆副理暨馆长郑朝伟表示，参观的主要社群一开始设定为小朋友，而非适婚年龄层，是希望能让糕饼文化和生命成长的礼俗文化一代一代传承下去。

结合开放工厂参观的杨梅馆已成为桃园地区的主要观光景点，杨梅与士林两间糕饼博物馆更累计了75万的参观人次。但郭元益并不满足于现状。2011年，在郭元益第五代郭建伟的规划下，斥资两亿打造的台湾糕饼业第一座绿建筑"郭元益绿标生活馆"卖场建成。杨梅厂新辟的"绿标生活馆"将郭元益从喜饼延伸到伴手礼以及复合式经营的面包咖啡店。它不但是个试验点，还证明了传统的郭元益也能走在时代尖端，带领台湾进入节能减排的新时代。

坚持质量，引领流行

百变郭元益，不断创新是它唯一的生存之道。它首先以铁盒包装喜饼，呈现隆重心意；却也第一个以纸盒替代铁盒，追求环保并营造新质感。2002年，黄金喜饼使包装走入立体时代；来年，与日本合作的副品牌拉法颂（L'affection）时尚喜饼上市；2004年，两层的珍珠礼盒开启了喜饼包装的新纪元。

焕然一新的理念和新思维改变了郭元益的传统形象，印象中

多元、文创、环保,郭元益引领同业,走向新世纪。

和蔼的老爷爷也可以变身为只想花小钱享受奢华风喜饼的小气败家女。而紧接着,郭元益将以喜饼之外的"伴手礼"加入竞争激烈的市场,并试图以顶级"百年好合"月饼进军大陆。

老员工口中的老老板郭钦定不仅把经营企业所必需的创新、耐心、诚心等理念传承下去,也把浓重的人情味留给了下一代。在郭元益这家充满人情味的百年企业里,门市店长平均任职十一年,区经理更长达十七年之久。而当原材料上涨时,郭元益总经理郭荣寿最先思考的是人员和商品的价值再创造,从生产、研发、营销、人力资源的调整着手,以精简流程、增强核心能力、厚实企业基础、开发符合消费需求商品等开源节流的方法来取代精简人力。

不变的是坚持糕饼的质量不能因量产而低落;不变的是引导流行、引领同业,在逆势中创造新潮流的精神。用了数十年、由乌心石制成、刻上"郭元益"三个字的饼模静静躺在现代化博物馆的橱窗里,"传统中求新意,现代中糅古风"则是郭元益多元化经营、结合文化创意产业,甚至走向环保新世纪的最佳写照。

除了喜饼，郭元益如今更开发出各类精致茶点与伴手礼。

小常识

第一名的郭元益

- 创新包装：首先以铁盒包装喜饼，呈现隆重心意；也第一个以纸盒替代铁盒，追求环保并营造新质感。
- 首创交互式博物馆：糕饼博物馆结合开放工厂参观，通过抛绣球互动仪式、糕饼 DIY，让参观者了解并体验生命成长的礼俗文化和糕饼文化。
- 台湾糕饼业第一座绿建筑：斥资两亿打造"绿标生活馆"，以节能低碳为主要功能设计。

郭元益历史沿革

- 1867 年，第一代创办人郭梁桢以祖厝堂号"元益"经营矮小的"土垄间"糕饼小铺。
- 1912 年，第二代郭拔秋艰苦守成，历经日据及战后物资缺乏时期。
- 1926 年，第三代郭钦定求新求变，以现代化经营方式为郭元益写下辉煌饼食历史。
- 1983 年，成立士林厂。
- 1984 年，历经土窑、砖窑、直立窑之后，导入目前的主力生产线"隧道炉"。
- 1986 年，第四代郭石吉、郭荣寿等四兄弟接手，由家族企业转型为企业化公司。
- 1992 年，符合食品 GMP 标准的杨梅厂完工并开始运转。

- 2001年，成立"郭元益糕饼博物馆杨梅馆"。
- 2002年，士林总公司新大楼落成，成立"郭元益糕饼博物馆士林馆"。
- 2003年，与日本合作的副品牌拉法颂时尚喜饼上市。
- 2004年，成立"财团法人郭元益教育基金会"。
- 2006年，成立"L'AFFECTION婚纱会馆"。
- 2011年，启用由第五代郭建伟负责规划的"郭元益绿标生活馆"卖场。
- 2011年，荣获台湾经济主管部门颁发的"台湾百大品牌"。
- 2011年，荣获台湾行政主管部门文建会颁发的"文创精品奖"。
- 2013年，荣获台北市政府颁发的"凤梨酥文化节绿豆糕达人赛金奖"。
- 2003年起至今，连年获得消费者心目中理想品牌第一名。

"绿标生活馆"何以被认证为绿建筑

"绿标生活馆"馆外以种树绿化环境；屋顶装设风力发电机，可储存电力提供整座绿标生活馆需求的电力；馆内的设计采用透明玻璃，增加室内透光度，馆内其他室内巧思都利用废弃包材拼接；规划有雨水回收系统；场内加设污水处理系统，馆外设有废水污水处理场。

符合绿建筑九大指标中的绿化、基地保水、日常节能、室内环境、水资源、污水垃圾改善六大指标。

征服味蕾的"食"尚精品

丸庄酱油

推开玻璃门,极具现代氛围的空间设计映入眼帘。正对门口的墙面是大片以玻璃瓶镶嵌的装置艺术,瓶子跟墙面垂直90度,一个个红色瓶盖朝向宾客,似乎想要一击中的,让消费者一试就成忠实顾客。

左右两侧的墙面是大量镜子和玻璃构成的陈列架,搭配明亮的灯光,衬托出商品的价值。鲜明的造型、利落的线条,店内装潢时尚感十足。嗯!毋庸置疑,这是一家精品店。只是,店里的精品,不是服饰、包包、鞋子、珠宝等,凑近一看,竟然是……酱油!

没看错,酱油也能创造出这般视觉飨宴。丸庄酱油公司的现任董事长庄英尧说:"我要让酱油成为精品!"

坚持传统,香醇味传各地

有几位女士一进门便走向柜台,熟门熟路地跟店员交代要购买的商品。她们是多年的老主顾,结伴大老远自林口来到重庆北路上的丸庄酱油台北门市,采买酱油、荫瓜、破布子。徐太太说:"丸庄的口味吃习惯了,以前很麻烦,得托人去西螺买;这几年台北就买

台北本铺犹如精品店般,令人眼前一亮。

得到,方便多了。"一行人满载而归,疯狂采购后每人都提着大包小包,嘴里却说这不算什么,还有朋友一大箱一大箱地订呢!

很多人和这几位女士一样,与丸庄酱油"相识"已久。董事长特助庄伟中说,有一位三十岁的男士,跟着阿公从小吃到大,数年前到大陆做生意之后,千叮咛万嘱咐要妈妈定时寄酱油过去;直到现在,即使丸庄酱油已经能在大陆买到,但只要一回台湾,还是习惯亲自带着酱油漂洋过海才安心。

丸庄已有一百年历史,是西螺地区最悠久的酱油品牌。丸庄酱油的甘醇滋味,不但由西螺拓展至台湾中南部、北部,也进入到大陆华东华南地区、中国香港、马来西亚、新加坡等海内外许许多多的家庭里,同时也是许多美食商号的第一选择。天母知名台菜餐厅的招牌排骨酥,三代以来都是选用丸庄酱油调味。老板说,一定得用丸庄的黑豆荫油腌渍才够味。有些老店则至今仍习

上个世纪60年代丸庄酱油包装作业一景（丸庄酱油提供）。

惯摆一罐丸庄酱油在柜台，为的就是要让客人知道他们的料理有多好。

随着社会变迁的脚步，丸庄时时刻刻调整步伐，以传统的天然纯手工酿造法结合现代化的制造技术与管理方式让产能加倍，且积极培养研发独有的菌种发酵分解豆、麦原料，力求产品创新，还导入了数字化经营理念，拓展通路，扩大消费群。

结合观光，变身文化产业

过去，百年历史的丸庄以香醇滋味扎稳了品牌的根基，打响了西螺酱油的名号；然而，工业化的快速发展却使得传统酿造酱油的产业纷纷倒下。面对新时代的挑战，身为老品牌的丸庄仍有着一贯的坚持，一样的口味，但2003年接管丸庄的第四任经营者庄英尧却有着不一样的思路。

早在增设新厂之时，庄英尧的兄长庄英烈就坚持留下丸庄的发源地——西螺老厂；庄英尧更有感于丸庄与黑豆酱油文化的深刻联结，认为必须肩负起文化传承与推展的使命。庄英尧提到，两三百年前，闽南移民将黑豆酿造酱油的技术带来台湾，只是当时仅止于自家酿造，酿造的技术和质量在工厂化之后才臻于成熟、稳定。而今漳泉一带，这种古式酿法已失传，全球只有台湾

观光工厂的设立除了带动观光热潮,更让珍贵的文化财富得以传承。

西螺酿造厂是丸庄的发源地。

保存了手工细腻的传统闽南式黑豆酿油制作法。荫油的醍醐味，即使对比有名的日本酱油都丝毫不逊色；若说荫油是真正的"台湾之美"，一点也不为过。

于是，庄英尧接手之后便配合政府政策，接受辅导，工厂内保有黑豆瓮式酿造流程，呈现出百年酱油文化与工厂实际运作的特色。2006年通过甄选成为云林县第一家观光工厂，从一般制造工厂的传统产业成功转型升级为文化产业。2008年4月，"丸庄酱油观光工厂"开放观光，试图为西螺老街注入新生的活力，带动地方观光的热潮，更希望将收藏丰富的酱油历史文物和相关知识介绍给民众，让手工酿造黑豆荫油的珍贵文化财富得以传承。

老店新装，"型"销展风格

百年历史是厚实的基业，但对庄英尧来说，却也是摆脱不了的牵绊；所以他计划让丸庄呈现老而弥新的形象，希望丸庄能由内而外焕然一新。丸庄的新形象就从2004年设立的台北门市出发。

庄英尧建议设计师在着手之前先去西螺看看丸庄的发源地，并要求设计师要让消费者在这个"台北本铺"看到丸庄的新面貌。最后，台北本铺以精品店的外观现身，带给人全新的观感。庄英尧成功打造了台北本铺，向目标迈进了一大步。这间专门店不仅打破了一般人对酱油的旧有印象，建立了丸庄的新形象，也提供了生产者与消费者对话的机会，得以了解当地市场反应。

有了好的开始之后，庄英尧致力于让酱油成为精品。他了解在这个年代，光是产品好是不够的，还要懂得顺应潮流，做好全方位的配套。而想要获得卖场采购的青睐、拓展通路，就得先掌

打破传统、求新求变,
为丸庄带来新风格、新生命。

握消费信息,在包装上做改变。当时设计了红与黑两款包装,经理选择了红色,认为"黑色看起来不讨喜,不适合送礼,还是红色比较好"。但庄英尧竭力劝说:"如果选择传统的红色,丸庄的新就只新了一半!"最终,丸庄最顶级的"金馔玉酿"礼盒以黑色包装面市,内里的传统好质量加上外表的新感受,内外兼具,成为极受欢迎的精品。

带领丸庄的这十几年来,庄英尧不着眼于小地方、小利润,而是从战略上考虑,大举在品牌营销上作战。六年前,丸庄继台北本铺之后,又进驻了信义区的百货公司。"精品也要能买到、看到才行,不能总躲在小巷子里,得出现在热门地段,让人一看到就想买!"庄英尧认为,这就是广告的效益。所以,他一方面坚持纯手工酿造的好味道,对质量的要求不打折;另一方面则不断求新求变,努力营销品牌。

就像老歌新唱一样,一首老歌有了新的配乐、新的编曲,就有了新风格、新生命,才能让消费者在欣赏之余掏钱购买。庄英尧说:"品牌可以久,可以老,但不能朽!""美酒可以品,谁说香醇的酱油不能品?"怀着这样的信念,庄英尧领着丸庄一路向前,百年历史的丸庄酱油,用美味征服无数人味蕾的同时,也打算以新颖的包装设计打动人心,要让丸庄成为"食"尚界独树一帜的精品!

小常识

酱油可依制作方法分四大类

黑豆酿造酱油：黑豆经蒸煮等方法，再以7天培养曲菌制成"豆曲"，加入食盐使其发酵，熟成后即为台式的黑豆酿造酱油，又称荫油。

黄豆酿造酱油：黄豆经蒸煮，混合焙炒过的小麦，再以3天培养曲菌制成"豆曲"，加入食盐水使其发酵，熟成后即为日式豆麦酿造酱油。

速酿酱油：以酸将植物性蛋白质（黄豆）分解为氨基酸液，酿造时间短，质量较酿造酱油差。又称氨基酸酱油。

混合酱油：以氨基酸液与豆麦酱汁混合，质量较酿造酱油差。

黑豆荫油的制作流程

黑豆蒸煮冷却：黑豆经浸泡、蒸煮、冷却后"下箪"（将黑豆铺在竹箪上）。

入曲室加种曲：将竹箪移进曲室，加入种曲。

七天制曲：菌种经七天的培育制曲、出曲后，再"洗曲"（将外层的老菌洗去）、醒菌（在阳光下曝晒，让里层新生的菌醒过来）。(1)

入缸：加食盐入缸"盐封"。

发酵：黑豆经四至六个月的发酵后熟成。(2)

成品：熟成的黑豆经压榨、生油（提炼原油，产生香气）、调配（加入配料）、蒸煮后即为黑豆荫油成品。

荫油清与荫油膏的区别

荫油清：黑豆荫油沉淀过滤后即成荫油清。

荫油膏：黑豆荫油加入糯米浆继续蒸煮后即成荫油膏。

焕发茶文化新貌

有记名茶

茶街,当然总是弥漫着烘茶的清香,用来熏制香片的茉莉花、栀子花香,从大稻埕的亭仔脚飘出。一大早,几十位妇人挤进茶厂里,一个挨着一个坐在矮凳子上,每人手里都捧着"茄笠"(放置茶叶的筛子,一茄笠约有三斤茶叶)。就着从窗户透进来的日光,茶梗以及黄色的、破碎的叶子都逃不出她们的眼睛;指尖轻巧而迅速地动作着,将之一一挑出。

茶街的芳香回忆

连雅堂《台湾通史》的农业志里描述了大稻埕的茶产业:"厦汕商人之来者,设茶行二三十家,茶工亦多安溪人,春至冬返,贫家妇女拣茶维生,日得二三百钱,台北市况为之一振。"当时的大稻埕是淡水出口茶的集散中心,因茶叶外销而兴起,大量的劳动人口随之涌入;不但当地居民以茶产业维生,本地富商也因而崛起。日据时期,整个大稻埕地区的茶行多达两三百家,每天到茶街拣茶的女工多达三四千名,茶季赶工期甚至高达两万名。

当时,家贫的妇人多到茶行工作贴补家用。日据时期的小说家张文环将传统社会生活融入作品《艺旦之家》的故事中,他笔

大稻埕曾是台茶集散重镇，当地市井小民多靠茶产业维生（有记名茶提供）。

下的女主角采云便是在大稻埕的茶厂当拣茶女。到大稻埕的茶街当"拣茶"女工，一整天下来可以拣七八盘茶，依盘数换"茶筹"。"茶筹"是焙制茶厂给工人累计工量、领取工资的信物；到了月底，就带着它们跟老板领工资。

到了茶行的茶叶要装箱出口的前一天，茶厂里会挤满"编竹"的男工。为了防止新鲜的茶叶受潮，茶箱里要套上锡箔，箱子外则以竹子编织，二三十名工人同时编竹的速度惊人；但再快都得花上一整天，才能把大量的茶叶包装完成；接下来，把茶箱运到码头，搬上帆船，又是大工程。

多年以后，大稻埕的繁荣随着茶香淡去了。这些荣景，"有记名茶"的老板王连源只能从父亲王澄清口中听闻。

师傅在"焙笼间"准备"焙火"。

炭焙茶让生活回甘

1949年时,有记已将茶厂从有茶街之称的贵德街迁至重庆北路。王连源记忆里的点点滴滴便是发生在重庆北路的茶厂里。

茶厂是精制茶叶的地方,各地茶农在产区将生茶做成毛茶,四斤生茶可做成一斤毛茶;完成初干之前的茶叶制程以后,将毛茶送至茶厂,到了茶厂才进行毛茶分级、拣梗、焙火、拼配等精制过程。

焙火(焙茶的火候)是茶叶质量好坏的关键,而即使是同一种茶,精制之后味道都会有些微的差异,所以必须再经由不同批茶叶的拼配,才能让顾客喝到一样的口味。

过去，制茶师傅在"焙笼间"（炭焙窟，用耐火砖砌成）用炭焙的方式烘茶，炭焙的前置作业繁复，每个单窟要放进60公斤木炭，将木炭打碎之后再盖上稻谷。这稻谷可不一般，得在室外闷烧一整天，变成灰之后才可使用；妙处在于，它不但是炭火的媒介，同时又可隔绝火苗。

炭焙最麻烦的是，一旦开始进行焙茶，必须24天不间断，且每3个小时就得"翻焙"一次；除了使茶叶均匀，还要调节炭的松紧和炭灰的厚度并控制火候。想控制好火候，非经验老到的师傅不可：一方面得用铁铲子翻动，让氧气进去，提高温度；另一方面又得再用木铲子压紧，才不会让火苗蹿出。

这么费工的事，现在多由电热干燥机代劳。控温器可以轻松控制焙火的温度，确保茶叶质量，增加茶叶的甘甜度。既然这么方便，干吗还要炭焙？

有记闻名的茶款"奇种乌龙"，至今仍以古法炭焙制作。原因是奇种乌龙讲究喉韵，王连源以武夷岩茶的焙制手法和风味为基底，改以较温和的焙火方式；包种茶经由炭焙之后，由清香转为浓郁，具有乌龙茶的喉韵，又不会像乌龙茶那般浓厚，不但滋味够又能回甘，连不爱喝浓茶的年轻人也会喜欢。

也因此，如今茶厂深处的

"焙笼间"的各式器具，亦是成就茶叶甘甜的重要功臣。

(有记提供)

艺文空间"清源堂"。

"焙笼间"还在,因为王连源坚持要保留完整的、深层的炭焙茶文化,让"焙笼间"不只是文物,也为我们的日常生活增添回甘的滋味。

老茶厂变小文物馆

当台茶外销量逐年递减,内销市场却随着台湾经济起飞、人民生活素质而崛起,大众饮茶的风气日盛。1975年,二十六岁的王连源看准茶叶内销市场的需求,与兄弟合资在济南路开设内销门市,以好质量和合理价格打出口碑。面临上个世纪80年代之后台茶外销量锐减的趋势,有记早已做好准备。

此外,经由与文化界人士和群众的频繁交流,王连源对百年茶厂所应扮演的角色有了更深刻的认识,因而在2004年将位于重庆南路的茶厂改装,转型为兼具生产、销售、教育的多元化经营模式。一楼的卖场里,墙上有说明茶的分类、制作、发展等资料,配合专人导览,引导民众了解茶文化。过去的拣茶区则成为了二楼的艺文空间"清源堂",每周六下午邀请南管团体演出,让喜爱南管的民众免费入场,边喝茶边欣赏;同时也提供艺文界举办活动、展览。

老茶厂摇身变成了小型文物馆,但王连源觉得还不够。他一

王连源与有记老茶厂。

纪念茶砖和旧时的包装。

方面想保存传统茶文化,另一方面还想打造现代的茶文化风貌,让老茶行也能有创新的品牌特色。他重视商品设计与产品研发,年年推出新礼盒,还开发出装有高级茶叶包装的精致茶包,要打破一般人认为茶包就代表劣级茶叶的想法,也让习惯冲泡茶包的年轻人能用最简单的方式喝到一杯好茶。

现在的老茶厂门外两侧有绿色的珠帘垂下,趋近一看才发现竟然是植物。王连源说:"那是槿屏帘。几年前我在茶园发现这种植物,就带回来养;现在它把那些杂乱的电线都遮起来,好看多了。"这栋七十多岁的老宅,就在这种爱护下,被创造成既能宣扬茶文化,又能营销、强化品牌的亲茶空间。王连源说,要让台湾的历史、台湾的人情味和故事,通过茶被看见。

焕发茶文化新貌——有记名茶

小常识

因茶而贵的贵德街

建昌街、千秋街、六馆街：清末，台湾巡抚刘铭传劝请板桥富绅林维源、大稻埕茶业名人李春生合资辟建了现今的"贵德街"。当时的贵德街，北段称"建昌街"，南段称"千秋街"，交叉口约在"六馆街"（今南京西路），街道宽约4米，长度只有短短500米。

洋人街：规划为"外国人居留区"，供外国人士居住、经商、兴办洋务之用，故有"洋人街"之称。最盛时至少有5家领事馆、6家洋行。主宰贸易的英商德记洋行（今德记大楼，长安西路303号）、怡和洋行（已无遗迹，贵德街16号）皆坐落于此；英、美、德、荷、丹麦、意大利都曾在此设领事馆。

茶街：大稻埕以茶兴起，贵德街因毗邻大稻埕码头，街上茶行众多，又称"茶街"，相当繁荣。街上不但有洋行、茶厂、茶行，还有医院、讲堂、布行，而且创造了许多"第一"，如台北最早的洋楼（西式建筑）街——千秋街，台湾第一所公立专业技术学校"电报学堂"创立于建昌街，台湾第一所公立新式学校"西式学堂"设在六馆街。

港町：日据时期，因离河口近而改名为"港町"。此处建筑的最大特色是将地基垫高以防河水泛滥时淹水，当时这条街上的人可欣赏到淡水河夕照和点点帆影。现在的贵德街虽然没有当时的风华，但仍有李春生纪念教堂（贵德街44号）、市定古迹"千秋街店铺"（贵德街51号、53号）、陈天来故居（即"锦记茶行"，贵德街73号，1923年兴建）等老建筑可让人追忆过往的美好时光。

台湾茶发展简史

- **荷兰时期是转送站**：1636年起荷兰人以台湾为转运站，将福建茶叶运往伊朗、印度等国。

- **清末引进茶种，人工栽植开始**：嘉庆年间（1796年~1820年）自武夷带回茶种，种在栳鱼坑（瑞芳附近），为北部淡水河流域人工栽植茶树之起源。

- **淡水开港，吸引洋行**：1860年，淡水开港通商，各国纷纷前来寻找商机。英人进入山区与现今文山地区的茶农接触，自福建引入品种较佳的茶苗鼓励茶农试种，并改良烘焙等技术。

- **台茶直销欧美**：1969年，英商宝顺洋行运载打上"福尔摩沙茶"标志的21

万斤乌龙茶,由淡水外销纽约,获利颇佳,开辟了台湾茶叶直销欧美的市场,让台茶与世界经济接轨。而淡水港出口茶多在大稻埕集散,所以大稻埕以茶叶外销而兴起,成为了台茶集散重镇。

- 日据时期(1895年~1945年)茶产业创造外汇:1895年,茶叶已占出口总值的一半以上,茶产业成为台湾农业发展时期创造外汇的主要产业。茶叶不但左右了台湾的经济,也影响了台湾的都市发展,使得经济重心由南(府城)向北(艋舺、大稻埕)转移。极盛时期,整个大稻埕地区的茶行多达两三百家。当时,洋行以乌龙茶主销欧美,而福建茶商则以包种茶主销南洋,"有记"的先祖便是这批茶商之一。

- 上个世纪80年代以前,台茶以外销为主:1945~1980年,台湾茶业在经济转型期间仍生产绿茶、乌龙茶、红茶等各种茶类,外销至世界各地。

- 上个世纪80年代以后,台茶外销量递减,内销市场崛起。

- 1991年开始,台茶进口量超过出口量。

洗净身心的清香

茶山房手工肥皂

去年陪罹癌的父亲到宜兰散心，传艺中心有许多颇有传统民俗技艺传承的特色店家集中在此，里头还有空气清新、草木葱茏的"福泰冬山厝"可住宿，对体力不济、不宜走动太久的病人来说是很好的选择。吃完早餐，我和姊姊推着轮椅陪父亲到商店街逛逛，"茶抠"这个关键词映入眼帘……

天然草木花果入皂

我第一个联想到的是水晶肥皂，于是抱着怀旧、好奇的心情进去瞧瞧。没想到这家名为"茶山房"的店贩卖的商品很像国外种类繁多、颜色缤纷的手工香皂。不过，它没有捷克知名手工皂那样浓烈的花果香气，也没有色彩纷呈的美丽花瓣。从米白到黄褐的渐层，再到浅紫、深蓝；从茶树、桧木、艾草等草木到兰花、葡萄、柑橘等花果，再到醋、蜂蜜、牛奶、珍珠粉。种类看似多变，却富含传统植物皂的底蕴，飘着自然的、淡淡的迷人清香。

父亲和我一样都是皮肤易过敏一族，他容易干痒，而沐浴乳、香皂中的化学添加物和强力皂碱则极易诱发我的湿疹。听到

旧时的回忆经过精心包装，成了创新的肥皂礼盒。

店员解释茶山房的手工肥皂都是采用纯天然的原料，没有香精、色素、酒精等化学物质，我二话不说就买下一整条尚未切割成小块、适合干性和敏感肌肤用的"御用皂"。

新味道展现乡土情

除了整条的单一种类，还有近二十款的草木花果肥皂可供选择。牛皮纸色的硬纸盒包装，上头印着黑字、黑色图案，纯朴、简约中伴着典雅。

洗净身心的清香——茶山房手工肥皂

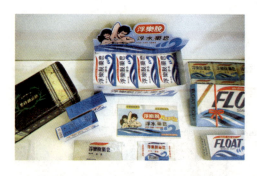

"浮乐脱药皂"曾经是街头巷尾熟悉的品牌。

绿茶皂以三峡产的碧螺春制成。茶山房第三代负责人林佑安原本经营茶行,后来有了重起老皂厂炉灶的念头,打算从自己最熟悉的原料入手。他谨记创办人林义财阿公的座右铭:"做肥皂是良心事业",决定继续做不危害人与环境的茶抠。他以为,总有一天人们会回头,在沐浴产品百家争鸣的年代,选择仍然傻傻地制作茶抠的老品牌。

走过半世纪的故事

可惜,采访茶山房,了解到它的前身是走过半世纪的"美盛堂化工",知道它制作的是老牌纯天然、不伤肌肤的"浮水"肥皂——"浮乐脱药皂"时,已经是数个月后的事了。买给父亲的肥皂还没用完他就走了,还没来得及彼此分享使用的心得。究竟为什么每次见他总忘记问起,为什么许多该说的都没说?

可惜,一群人、一块茶抠、一个老皂厂,五十年、传承三代,这其中一波波的变迁、曲折的盛衰历史、满满的文化灵魂,在手心搓搓磨磨创造的长长的故事,我若能讲给他听,病痛缠身的他必然还会因我那不灵光的台语而发笑。

三峡白鸡被山水环绕,往上是大豹溪流域、大板根、满月圆森林等游憩景点,往下便可到文化路、民权老街等三峡闹市区。

（茶山房提供）

走过半世纪，老皂厂变身为"茶山房肥皂文化体验馆"。

创办人林义财高龄八十五，依旧能帮忙"排皂"。

此地坐落着1957年创设的"美盛堂肥皂工厂"，在第三代的用心规划下，五十年老皂厂转型为"茶山房肥皂文化体验馆"。

老皂厂变身，旧回忆新包装

"美盛堂"传至第三代时，负责人林祐安顺应时代步伐翻新了皂厂老招牌，曾经一度停止生产的老皂厂以"茶山房"为名建立了新门市，从三峡老街再度出发。2007年，美盛堂更开辟了台湾唯一的"茶山房肥皂文化体验馆"，公开厂内神秘的热煮制皂法、制造原料，还规划趣味导览、生产线参观、肥皂历史介绍、古早制皂工具与地方文化物品展示等，让人们在趣味中了解传统

家族成员一起切皂。

制造文化。

除了历史回顾，肥皂体验馆内还安排了适合亲子同乐的DIY手工肥皂项目。经过做皂老师的讲解和引导，不论大人小孩都能通过简单的几个程序轻松完成专属于自己的独一无二的手工皂，揉搓出细密的泡沫。

从前的"美盛堂"、如今的"茶山房"都是家族企业，但为老产业注入新思维是新一代接班人的使命。年轻的林佑安打破了过去林义财阿公坚持只做一种皂的想法。阿公那个年代，"吃都不够了，哪还能拿来用！"是啊，茶、牛奶、蜂蜜、花果……许多在过去入腹的食材，如今在他手中变化出二十多种肥皂。时代不断变迁，他也要求自己不断尝试开发新种类。至于原料，他说："是真的想要做出好东西，不是为了耍噱头，更不能为了节省成本用次等原料。"他竟然打算用一磅一千多元的咖啡豆来制作咖啡香皂呢！

在经营观念上，林佑安有所变、有所不变。时时求新，是变；但历经三代，品牌形象却维持不变！林义财阿公所谓的"良心"跟他所谓的"好"是一种传统价值，但从企业经营策略上来看，这不正是现代企业所追求的品牌形象经营吗？

小常识

"肥皂"的命名

中国在魏晋时期已发现加水后能生成泡沫、有去污效果的植物皂荚,最被广为使用的"猪牙皂荚"外观肥胖,所以人们将此种皂荚简称为"肥皂",之后以油脂和碱合成的清洁用品便沿用"肥皂"这个名词。

最早出现肥皂的考古证据

在2800年前的古巴比伦遗迹中,考古学家在挖掘出的陶瓶中发现了状似肥皂之物。根据陶瓶上的铭文记载,巴比伦人是将脂肪和灰(草木灰含碱)——碳酸钾烧煮制成肥皂。

茶山房手工肥皂制造流程"制皂十式"

第一式　煮：椰子油、橄榄油、石碱、水,依比例加入锅炉,以100℃蒸汽热煮两天可完成皂化。
第二式　抽：将多余皂碱抽出(肥皂含碱量少较不刺激肌肤),此即原皂液。
第三式　拌：将各个种类的天然原料压成粉末加入,1∶1加水搅拌,是为拌料。
第四式　添：将原皂液和各个种类的天然原料混合,均匀搅拌后,成品才会滑顺柔细。
第五式　入：将搅拌完成的皂液灌入模型箱,模型大小以适合搬运及切割为宜。
第六式　整：肥皂注入模型箱后,须立刻将表面整平。
第七式　冷：将一箱箱的肥皂排列整齐,静置,等待冷却、凝固。
第八式　切：第6~7天时将肥皂扛到切割台,以传统线切方式切成适当大小。
第九式　排：将切好的肥皂排列整齐于架上,调整适当间距以便烘干。
第十式　烘：于烘干室烘干一天以减少肥皂含水量,之后可进行包装。

茶山房手工肥皂特色

百分百皂化：以天然椰子油、橄榄油、石碱皂化而成,不使用化学皂基。
天然无添加：不添加酒精和化学物质,各个种类的肥皂皆使用天然原料。
生物可分解：使用后的肥皂水可藉由微生物活动作用而分解,永续环保。

（茶山房提供）

禁得起大风大雨

建兴洋伞

对于伞的记忆,不少人会想起《一支小雨伞》:"咱二人做阵遮着一支小雨伞,雨愈大,我来照顾你,你来照顾我,虽然双人行相偎,遇着风雨这呢大,坎坷小路又歹行,咱着小心行……"这是黄敏在 1982 年以日本曲重填台语歌词,由洪荣宏主唱的歌。形容它是一首"很有画面"的歌并不为过,小时候只要在电视上看到艺人演唱这首歌,铁定会撑一把伞。

制伞产业的开合

事实上,这支"小雨伞"还真不简单,它的出现反映了台湾当时的经济现象。上个世纪 80 年代是台湾制伞业的极盛期,岛上三百家伞商共同创造出一年 120 亿的外汇,外销产值世界第一,全球每四把伞中就有三把为台湾制造。"制伞胜地"的街头巷尾传唱着这么一首歌,实在妙得很!

台湾伞业的高峰期,"建兴洋伞"当然也跟上,而且还见证了上个世纪 60 年代兴起到 80 年代末衰落的制伞业开合。由于制伞有许多部分需要人工操作,当台湾的工资逐渐提高,业者便将工厂转往劳力低廉的东南亚等地。1988 年,"建兴"的负责人杜

从 1945 年第一代开店至今,已经使用近七十年的收银箱。

氏夫妇,也就是吴南德的表姊王玉芳及其夫婿与日商合作,在厦门设立制伞加工厂,将台北店面交给吴南德打理。然而工厂发展得并不顺利,只好在 1994 年结业,最后仅留下吴南德经营的建兴洋伞店面。

即使是能掌控主要伞具制程的大型制伞商也无法单打独斗,因为一把看似简单的伞,周边配件竟然多达 300 多种,所以必须有上游原料厂商、下游配件厂商的配合;一旦哪个环节出了问题,就可能让伞面不平整甚至漏水。由于这种特殊的现象,建兴虽然失去了自家工厂提供货源的后盾,却因设厂时期和许多制伞厂商建立了良好关系而能拥有多元且最新的货源,在专营批发零售的领域继续前进。

禁得起大风大雨——建兴洋伞

吴南德与店内各式各样的伞。

台湾代工，一吹就散？

吴南德从十八岁开始跟着杜氏夫妇学习制伞相关事务，对于修理、辨别好坏、推销产品等无一不精。加上半个世纪以来打下的基础，这家台北市第一家洋伞专卖店，如今仍是许多零售业者批货的最佳选择之一。

不过小小一个店面，里头却有各式各样的伞，款式多达两千种。吴南德兼顾精致与平价，店内从一百元的轻便伞到两千元的日本进口伞应有尽有。有装饰性的迷你伞，也有实用的台风伞、拐杖伞，还有专业的拍婚纱用的手勾纱伞，以及特别的情人伞、用最新的布料制成的冷光伞⋯⋯不但选择多元，还可以在这里发现伞界的新玩意儿。

和吴南德聊起台湾伞业的发展，本以为他会感叹已逝的黄金岁月，没想到他想起的却是跟伞有关的电影。因为伞的缘故，吴南德一直对 1990 年的电影《人鬼情未了》（Ghost）念念不忘。我和大部分人一样，提到这部电影就想到男主角帕特里克从身后握住黛咪·摩尔的手，帮她塑陶的那段经典画面。而吴南德记忆最深刻的竟是男主角恨恨地说出"Made in Taiwan"、镜头特写伞面"翻花"时标示着 MLT 的那一幕。

即使被风吹翻还能翻折回来的"KUSO 伞"。

有这回事吗？我完全不记得，也没再重看一次电影。但我知道 1987 年的《致命吸引力》（Fatal Attraction）里，麦克尔·道格拉斯在大雨中要为女主角撑伞，那把黑伞却一打开就被风吹翻时，他也说了"Made in Taiwan"，俨然是对台湾制雨伞质量不佳的嘲弄。

记得几年前到厦门，才下船便遇到大雨，岸边有人兜售台币五十元的伞。随手买了，没想到就用了那么一次——不是雨停了，而是收伞之后，要开第二次时……还不只是开花而已，是根本无法撑起来。所以，那种懊恼，我懂。

台湾创意，"伞"亮动人

"我看了很生气！不过台湾人现在很争气！"吴南德开心地给我介绍起近年来台湾制伞业者开发出的伞。

有不畏强风的"台风伞"，因为伞骨末端为玻璃纤维，即使遭遇强风，也可以轻易翻折回来。一位伞店老板在风力发电厂的风车场景前拍摄了《无敌伞炸开记》，这段广为流传的 KUSO 影

"情人伞"的伞骨结构十分特殊。

片使得此伞大卖,所以又称"KUSO 伞"。

"情人伞"更是台湾人的创意发明,它的专利属于台湾。如果有人在日本买到这种伞,那铁定也是从台湾外销过去的。为什么叫情人伞呢?仔细看看伞骨就会发现它跟一般伞的差异。原来,它有一对像鸟一样对称的"翅膀"!原本 60 厘米长的伞布,撑开之后横辐有 120 厘米,能让两人共撑一把伞也不会淋湿。

接着,我看到吴南德将手穿过一把伞……手怎么能从伞面伸进伞布里,吴南德是在变魔术吗?原来这是防风的双层特殊结构,遭遇大风时可以从顶层释放压力,是颇受高尔夫球场欢迎的款式。

若说二十多年前的电影反映了台制雨伞的实际质量,那么近年的 MV 现象也应贴合现实。2007 年,美国歌手蕾哈娜新歌《小雨伞》(Umbrella)的 MV 采用"Made in Taiwan"的伞,唱片公司为了配合新专辑,向台湾订制了一万多支雨伞作为活动赠品,此举扭转了台湾伞的形象。蕾哈娜用她迷人的嗓音唱着歌,拿着一支她喜欢的黑色 totes 伞翩翩起舞,这曲 MV 席卷全球的同时,也让这把来自台湾的黑伞爆红。

虽然上个世纪 80 年代的台湾盘踞了全球 3/4 的制伞版图,拥有"制伞胜地"的美誉,赚足了外汇,但充其量不过靠代工生存。现在的台湾,虽然仅占 1/4 的市场,目标却已不仅是区区代工,更致力于中高价位优质产品的研发,不但抢得了世界知名品牌的代工机会,也让 MIT 雨伞成为了流行与创新的代名词。

小常识

建兴洋伞与台伞发展史

- 创立于 1945 年：杜金波为创店的第一代，于郑州路开设家庭式的小型加工厂，自产自销。
- 上个世纪 60 年代：台湾已具备了组装伞的技术能力，刚开始仰赖日本进口的零件与伞布，不久之后福懋公司开始生产尼龙布，而伞骨零件也能自产。
- 上个世纪 70 年代：台湾制伞黄金时代。
- 1973 年扩大经营：第二代杜光富（吴南德的表姊夫）接手，于高雄、北港设立大型加工厂，主要外销日本；于长安西路设立店面，从事本地批发零售业务。
- 上个世纪 80 年代：台湾制伞高峰期。
- 1988 年转往大陆：负责人杜氏夫妇与日商合作，移至福建厦门地区设厂，将台北店面交给吴南德打理。
- 上个世纪 80 年代末期：台湾制伞衰退期。
- 1994 年专营批发零售：杜氏夫妇因不谙大陆投资相关法令，发展不利而结束生产事业，吴南德完全接手经营建兴洋伞店面，专营批发零售。

台湾伞业自创品牌：Enson

吴增荣于 1994 年创立了荣双国际公司，为美国品牌 totes 的代工大厂及其亚洲代理公司。"荣双"自创品牌 Enson，并创立"雨伞概念店"RAIN STORY 专卖店，企图将衣饰的流行元素加入伞布和伞头的设计中，从代工、自创品牌到经营通路，为传统制伞产业开拓出新模式。创办人致力于雨伞的研发，其中按压伞头柄钮就能自动开、收的三折伞曾获瑞士的发明金牌奖。此外，仅 160 克的超轻巧迷你折伞、可收纳于女性皮包内的扁伞、五段式开合且伞头与伞骨末端装置 LED 的灯伞等发明皆出自吴增荣之手。

伞具制作可分五步

一、伞骨结构。
二、裁伞、缝伞：将一节节衔接伞骨的鸡眼打洞、量针距、裁伞（裁切三角片）、缝伞（缝制三角片、用手工缝线与伞骨接合）。
三、弹簧制作。
四、伞头开模。
五、周边配件：扣子、系带等周边配件多达三百多种，需细心组合并与下游零配件厂商构成产业链。

伞骨的变革

铁材：重，且容易生锈。
铝材：轻且不生锈，但质脆不耐用。
碳纤维合金：质轻，有弹性。脆硬，耐冲击性较玻璃纤维佳。
钛合金：防风力最强，抗酸碱腐蚀及氧化。
玻璃纤维：最坚韧，质轻。延展性较碳纤佳，耐拉扯，但同体积的玻璃纤维比碳纤重。

"熟成"之后的好声音

响仁和钟鼓厂

在新庄热闹的中正路上，偶尔会传来一阵阵鼓声，咚！咚！咚！咚……

没有锣鼓狮阵那般热闹喧腾，也不像打击乐队那般热烈欢快，但有着属于自己的节奏与底蕴。那是"响仁和"钟鼓厂的负责人王锡坤师傅敲打出的鼓点，他正在为即将完成的鼓试音。

机缘巧合，投入制鼓业

响仁和鼓厂于1927年由王锡坤的父亲、人称阿涂师的王桂枝成立，并于1960年扩大经营，铸造钟和鼎。王锡坤和阿涂师一样，投入制鼓业是机缘巧合，却也都让他们的命运峰回路转，且为他们擂出不同凡响的一生。

出身书香世家的阿涂师，从小喜欢看布袋戏，爱跟着后场的乐师学习音律与乐器吹奏；长大后更投身传统戏曲，担任后场乐师。在偶然间看到知名的"漳州派"制鼓师傅蔡心匏（当时制鼓师傅有两个派别，"泉州派"以林禄宫为首）制作大鼓，觉得有趣，便时常往蔡师傅那儿跑。

资质聪颖的阿涂师虽未正式向蔡心匏拜师习艺，但经由蔡师

"响仁和"除了制鼓,也曾扩大营业,铸造钟和鼎。

由阿涂师所制的鼓,已有近七十年的历史。

傅的指点,再加上自己的细心观察与研究,竟也学到了制鼓的精髓,成为制鼓师傅,创立了"响仁和"。阿涂师取"响仁和"这三个字,是期盼自己所制之鼓能敲打出人与人之间的和乐、祥和。而响仁和的鼓不但音色纯、弹性佳,而且耐用,于是很快地在市场、业界打出名号,成为制鼓业的翘楚。

可惜的是,阿涂师在世时一心栽培三个儿子读书,希望孩子往他途发展,因此从未传授他们制鼓技艺。1973年他猝逝时,三兄弟中没有一个习得父亲制鼓的绝妙手艺。阿涂师一过世,响仁和便遭逢了创店以来最大的危机——王家的制鼓招牌后继无人。

"熟成"之后的好声音——响仁和钟鼓厂

王锡坤半路出家,凭着幼时耳濡目染的记忆投入制鼓业。

弃商从艺,三十岁学步

响仁和即将不保的流言四起。那年身为长子的王锡坤三十岁,淡水大学企管系毕业的他已在职场打拼多年,但参与店内事务多年的亲戚却笑他"无裁调",扬言要以响仁和的招牌去外头开店。为了争一口气,王锡坤毅然放弃了工作,卷起衣袖,凭着一股"要做给你看"的傻劲半路出家。虽然从小就看着父亲制鼓,王锡坤却从来没有动手做过鼓。制鼓经验值等于零的他,天真地以为只要按照记忆中父亲制鼓的方式来制作便没问题。

没想到,光是制作鼓膜过程中最简单的"去毛"就困难重重。新鲜的牛皮是屠夫早上就送来的,要先裁剪好,再把牛皮放进热水里去毛;但他却不知道还得再降温,一开始常常把牛皮给烫熟了。

如何去脂,把5厘米厚的牛皮刮到只剩0.3厘米那么薄,更是个大挑战!光是做削去牛皮内面脂肪的工序,他从早上七点开始,这腰一弯下来到晚上就没打直过,刮出的牛皮却像狗啃的一样。可是他不能放弃,因为牛皮要是削得不均匀,四个千斤顶一顶上,鼓皮根本就绷不好,最后还是得再拆下来重绷一次。

学商的他说,他要求自己完全放弃所谓的"成本效益"。这条学习之路,他如小孩学步般摇摇晃晃,每天只睡两三个小

"熟成"之后的好声音——响仁和钟鼓厂

王锡坤追求创新，研发出"音阶鼓""八角鼓"以及"陶鼓"。

时，把打铁箍都给打凹了。三年后，他才终于像是打通了任督二脉，摸索出了制鼓的种种技巧。

坚持创新，打出一片天

到了上个世纪80年代，因为"大家乐"盛行，小神坛到处都是。当时制鼓业极盛，订单量已超过阿涂师在世时的历史，而王锡坤也成为"鼓医生"，各地庙宇都来排队等着送鼓来给他修复。1983年起，他开始为兰阳舞团、朱宗庆打击乐团、优剧场等表演团体制鼓。响仁和每个月要做出六十面鼓，以供应庙宇、表演团体甚至海外的需求。

除了承袭传统的制鼓技艺，王锡坤不忘发扬与创新。1999年，结合传统与创新，他在新庄文化醮会展出了"鼓艺春秋"；2001年，他为了发扬制鼓技艺而成立了文物馆——"响仁和鼓展示馆"，强化制鼓传统工艺的乡土教学功能。

他研发出独特的"音阶鼓"，几个大小不同的鼓排列在一起，可以敲打出不同的音阶来；还跳出了传统的形状与材质，尝试做出八角形鼓与陶鼓。陶器质脆易裂，他于是以木头来取代钢钉固定鼓皮。

而无论如何创新，他都坚持做"好鼓"。如何分辨鼓的好坏？一看木头的材质，二看绷鼓这个制鼓中最后一个、也是最难的步骤，因为刚制作完成的鼓打出来的声音，与经历一段时间后打出来的声音不同；鼓"熟成"之后会"变音"，变音之后拥有好的声音才是真正的好鼓。

为了让文化走入生活，他开发出鼓凳、鼓桌。但他说即使做鼓凳、鼓桌也要够好，也就是不光能坐、能用、能看，还得真的能打出鼓音来。如果放弃这样的坚持就能量产，可他宁愿放着可以赚钱的东西不做，

"响仁和"三个字是制鼓业的金字招牌与质量保证。

也要坚持自己的信念。他骄傲地告诉我："（庙会时）我做的鼓跟别人做的鼓拼场，远远地听，我就知道哪个是我做的！"

王锡坤让没有色彩、不会说话的牛皮有了属于自己的独特声响与样貌。针对佛寺定制的鼓，王锡坤首重素雅、大器；面对"优人神鼓"这个表演艺术团体，王锡坤则强调天然、粗犷。他总是能灵活地运用技艺，不拘泥于传统，因应客户的需求做出调整。他说："以前出于无奈而投入，现在是用生命在投入！"

小常识

制鼓过程分四大阶段

鼓身：制框、烘鼓、装胆。

刨制中间宽、上下窄弯的木片，精准测量后将多块木片用铁圈箍绕成鼓框；加以熏烤、干燥；把用铁丝绕成螺旋圆柱状的鼓胆装入鼓身内侧，使敲击鼓面后鼓声能起共鸣，延长振动的时间。（1）

鼓膜：取皮、除毛、去脂、晒皮。
依鼓的用途来选择牛皮的部位，依鼓身大小取皮。

除毛和去脂是重要的步骤，关系着鼓皮的质量。牛皮用热水烫过，再放入冷水中；牛皮内面有一层厚厚的脂肪，所以要去脂，牛皮要削得均匀，且厚度要在1cm左右，中间薄而四周厚，音色才会准确。

削好的牛皮趁湿时在周围打洞，以便串上麻绳，固定在鼓身上，使鼓皮干燥、成型；正面晒干后再晒反面，等干透之后，鼓膜才算完成。

蒙鼓（绷鼓）：绷鼓皮。
以短木棒和麻绳固定鼓膜及鼓身，绑上千斤顶，将鼓放到机台上，搅拉紧，再慢慢转动，进行绷鼓皮的步骤。

踩鼓、擂鼓：松弛鼓皮、调音。

在鼓膜上跳动,以松弛晒硬的鼓皮;调整绳子的松紧、千斤顶的力道,使鼓皮紧绷。一边轻踩,一边擂鼓试音、调音,并不断以直尺度量鼓的直径,再用铁槌敲打鼓边以防止鼓因压力而变形。(2)

最后,打钉、装环、上漆。打上铁钉固定鼓膜,将多余的鼓膜去除,以铜环装饰并上漆,即完成鼓的制作。

把幸福用针线密密缝

小花园绣花鞋

《台北人》里有一篇《永远的尹雪艳》,白先勇笔下的尹雪艳是 1949 年之前上海百乐门舞厅的红牌,从上海到台北又过了十多年后,小说中如此描述她:"尹雪艳总也不老 ……尹雪艳着实迷人 ……尹雪艳有迷男人的功夫,也有迷女人的功夫 ……十几年来这起太太们一个也舍不得离开尹雪艳……"

光凭这几句便能知道尹雪艳是个谜样的美人儿,但究竟为何那些跟她结交的上流社会官太太们,无论背地里再怎么数落冷艳逼人的她,却还是爱一窝蜂聚到她的公馆里?

"这起太太们,由尹雪艳领队,逛西门町、看绍兴戏……好像尹雪艳周身都透着上海大千世界荣华的麝香一般,熏得这起往事沧桑的中年妇人都进入半醉的状态……"因为论起西门町的京沪小吃她无一不精,并且能"在小花园里挑得出最登样的绣花鞋儿"。

幸福的象征

没错,白先勇提到的"小花园",正是我要介绍的小花园!白先勇说:"即使跳着快狐步,尹雪艳从来也没有失过分寸,仍

一双绣花拖鞋,也能穿出风情万种。

旧显得那么从容、那么轻盈,像一球随风飘荡的柳絮,脚下没有扎根似的。尹雪艳有她自己的旋律。"这样的形容让我想到王家卫的《花样年华》里,张曼玉踩着细高跟鞋上下楼梯那风情万种的模样。

这部电影上映后引发了一股旗袍风潮,许多人迷上了张曼玉在戏里换穿得令人目不暇给的旗袍;但我印象最深刻的却是张曼玉离开梁朝伟房间时遗留在床边的一双粉红色绣花拖鞋,这双绣花鞋饶有深意。

绣花是中国传统精致工艺中繁复的针黹技艺,而绣在鞋面上的纹样装饰,与庙宇中的雕塑彩绘同样是美学文化的记录。古代女子到庙里向神明祝祷,或许是为病中的亲人祈福,或许盼神佑出征的丈夫平安，甚至是想替自己求一段好姻缘，为表诚意，会带上一双亲自绣缝的鞋敬神，据说缝得愈精细愈有诚意。我想像女人悉心一针一线来回穿刺鞋面时，将内心的憧憬、对幸福的企盼也都细细织缝了进去。戏中的张曼玉不经意留下了绣花拖鞋，是否代表着她选择放弃那段恋情，与幸福错身而过？

奢华的想望

回到白先勇笔下的小花园。尹雪艳住在仁爱路的高级住宅里的崭新西式洋房，来往的对象是银行界的经理、纱厂的老板和小开，以及一些新贵和他们的夫人们，家具是桃花心红木桌椅、湘绣靠枕，客厅案头的古玩花瓶四时供着鲜花，连麻将灯都设计得十分精巧，"好像尹雪艳便是上海百乐门时代永恒的象征，京沪繁华的佐证一般。"由此可知，这样懂得品味的尹雪艳足下趿的小花园绣花鞋，必定有其独特之处。

小花园是台北第一家绣花鞋店，但早在1936年已成立于上海。手工缝制的绣花鞋，鞋面有着各色绣花纹饰，有精致的传统湘绣，有的绣上亮片、串珠，织缝上栩栩如生的花鸟、龙凤图案，做工精致，穿上它便显得优雅、富贵。老板陈弘宜说，在当时这一双150元的绣花鞋，一般平民百姓是买不起的，只有从上海、北京来的官太太们才穿得起；难怪堪称时尚的尹雪艳要领着那些夫人们去挑选，一双小小的绣花鞋便是繁华上海的重现与印证啊！

绣花鞋对歌仔戏名伶也有着特殊的含义。女旦在初次登台演出时，戏馆会赠一双绣花鞋。廖琼枝老师便曾提过，十二岁时的

绣花是中国传统精致工艺,更是美学文化的纪录。

小花园为台北第一家绣花鞋店(小花园提供)。

小花园除了延续传统，更寻求创新。
图为新款串珠鞋。

她白天在工厂工作，晚上学戏，为的就是这双绣花鞋；唐美云当初学戏，也是因为妈妈告诉她只要去帮爸爸忙，爸爸就会带她去买双绣花鞋。

绣花鞋岂止是上流社会的名媛贵妇们的华贵表征，小女孩心中那微小的奢华梦想不也给绣了进去！

走出复古的流行

为了让小花园的绣花鞋能更多元与创新，陈弘宜打破了绣花鞋惯用丝、绸做鞋面的传统，两三年前开始以丹宁布为面料，让年轻女生也会想尝试。去年则尝试用麂皮，更显雍容华贵；而从前以布面作鞋底，如今为增加质感而以牛皮为底，塑料鞋底则让鞋子更耐穿；传统鞋跟为平底，陈弘宜开发出高跟鞋样式。

小花园也有不少老主顾。陈弘宜说："有个太太每年都会从香港来买个二三十双，她会先跟我预订尺寸。"可惜的是欧美市场无法打开，毕竟西方人脚大，特别做大尺码的鞋又耗费成本，所以国外散客以日本顾客居多。

我以为，只有爱复古风情的中年女子才会想踩双绣花鞋在脚

绣花鞋深受女性喜爱,搭配流行服饰,更能穿出独特的风格。

小孩周岁时穿的"老虎鞋",造型可爱,绣工精致。

上，但采访那天，我却遇上两个年轻上班族，说自己已经买了好几双。我打量着脸蛋娟秀的她们："你们俩有旗袍吗？"她们对我摇摇头。"那你们穿绣花鞋要搭配什么啊？"穿出心得来的那一位说："其实跟牛仔裤也很搭喔，穿窄裙也适合。"

穿上绣花鞋，只是纯粹想走复古风？不见得！华裔设计师萧志美设计的服装风格甜美，带有华丽的摇滚风情。她在获得CFDA终身成就奖时提到，小时候圣诞节总会收到祖父母寄自台湾的色彩缤纷的小花园绣花鞋，这成为了她日后创作的灵感。

毕竟，高跟鞋样式再多，还是容易跟别人"撞鞋"，穿上绣花鞋反倒能体现出自己独特的风格！

小常识

小花园历史

- 创始人陈初学最早于福州四马路卖定制鞋,帮红灯区小姐们量脚作鞋。
- 1936 年在上海十里洋场的南京路上正式成立"小花园"。
- 1949 年随国民政府来台,于西门町成都路开店。
- 1969 年为鼎盛时期,为扩大营业迁移至西宁南路。
- 1975 年峨嵋街现址开幕,由第三代陈弘宜直接手至今。他与弟弟负责制鞋,六个妹妹负责绣花。一双双绣花鞋凝聚着一家人的情感,同时也因为是"家族企业",才能降低成本,经营到今天。

绣花鞋制作流程

步骤一:准备鞋面面料(小花园提供)

(绣花鞋的面料分为绣花面料、绣珠面料、织景缎面料三种)

绣花面料:早期手工绣花为先在布料上画好预先设计的图腾底图后,再以人工方式一针一线将图案绣好;而现今人工成本上涨,绣花的方式多为机绣,一样先将底图画在布料上,再使用平车机将图案绣上。

绣珠面料:先将图腾画好底图后,再以人工方式一针一线缝。和绣花不同的是,绣珠面料目前无法用机器代替,一定要人工绣珠、串珠。

织景缎面料:多使用在做旗袍上,织景缎面是纺织厂出厂时布面上已将图案绣好。

步骤二:制作鞋面(小花园提供)

1. 把鞋版形状画在选择好的布料上。
2. 将画好的鞋面照线裁剪下来。
3. 用裁缝机在鞋面上滚口定型。
4. 准备合适大小的内衬。
5. 将鞋面与内衬上胶固定,再使用裁缝机在鞋面的布边缝线以强固鞋面。

步骤三：鞋底制作

中底上鞋模；中底上胶及固定；包鞋面；调整及确认。

步骤四：最后成型

1　中底及鞋跟上胶固定。
2　鞋底上胶固定。
3　压底：用榔头敲打，使中底、鞋跟和鞋底三者能够紧密接合即完成。

辑三

有一种心意足以传承一世

"草包"的新故乡

德安青草店

万华,母亲从来就只叫它"艋舺"。她对此地的印象,跟许多人从那部创出极佳票房的电影得来的印象一样:陈旧,或者说是繁华褪尽之后的味道和颜色……

青草的想象

从前的我,来到龙山寺,口渴了,就在西昌街巷口处买杯青草茶。黑色的液体、青草香、微甜,挺好喝,在观光区里算价格十分合理,如此而已。"青草""药草"是理当归属于父母、祖父母年代的名词,从来不曾具体过。不,只有在端午节是例外,门口挂上艾草、菖蒲、榕树叶……可避毒驱邪。挂艾草是基于它能驱虫的药性,以及在风水学中被视为能辟邪除瘴的特性;菖蒲因为外形如一把剑,所以又称"水剑",被认为可驱逐恶魔。我们的祖先真是充满了想象力啊!事实上,过去我连"青草"这个词都没真正搞懂,还以为就等同于药草的意思。细究其中意义,这才明白,年货大街乃是干药材的最大集散地,而青草巷则是北台湾新鲜青草药材的汇聚之处。

"青草巷"是北台湾新鲜青草药材的汇聚之处。

要人也要神

龙山寺创建于1738年，在医药不发达的年代，到汉医馆求诊并非一般民众能负担得起；到寺庙中求神保平安，是芸芸众生的最佳归属。艋舺的通商、龙山寺络绎不绝的信众，创造了围聚佛具、香烛店的热闹街廊。龙山寺里的药签让挑摊叫卖的青草贩聚集在此，接着就出现了零星青草店，之后更聚集在西昌街、广州街、桂林路一带。民众来此求药治病，所以从前西昌街附近被称为"救命巷"。

上个世纪六七十年代，因为西昌街道路拓宽，龙山寺旁的青草店家多搬迁至西昌街二二四巷，形成了所谓的"青草巷"，为

"草包"的新故乡——德安青草店　147

店门口高挂各式草药，而其中芦荟更是基本配备。

台北市发展最早、规模最大的青草业群聚区域，巷内贩卖药草多达数百种。2002年台北市政府斥资在青草巷架设采光顶棚、铺设石板地，并于广州街二〇九巷通道设置中、英、日三种语言的解说牌，详载此巷的历史和草药功效。

如今，从龙山寺走进一旁紧邻着的西昌街（尾），循着青草香味和青草茶摊位前进，便能来到台湾最短、最窄的老巷子——青草巷。清凉退火，可食用、可敷脸美容的芦荟是基本配备，也是最佳代言者，是少数不受限年龄、不需要解释，你我便能了然于心的青草，绝对会被高挂在店门口。

贩卖青草的店家，从前多亲自上山采药，长久累积之下识得各种药草、了解药性，甚至还有"祖传秘方"。德安青草店（创始于日本昭和年间，至今已有九十多年历史）的阿来师（第二代店主，本名简万来，近年已将店铺交由儿子简宜贤打理）说，来店里买药草的客人有些是"宫里开药单"（道教宫庙里道士、童乩依神明指示写出药名），有些是来买所需单品，若什么都不懂，只消对他说是要"吃退肝火""吃转大人""吃顾筋骨"……他就能配出复方来。

随着龙山寺药签的取消、健保的开办、SARS疫情的发生……这里的青草店历经了种种冲击。阿来师提到，最早这里只有两三家青草店，而今拓展出十二三家，可见"青草"的生命力

阿来师与阿来嫂是德安青草店镇店活招牌。

相当旺盛!

西医昌明的时代,大家买药草已经不是为了治病,更多时候是为了保健养生;太胖要减重得消脂、太瘦要增重得健胃整肠……不过,大龙峒保安宫还有"保生大帝开的"药签,各地宫庙也能开出药单,甚至癌症患者也想求得一线生机……是迷信吗?"要人也要神",一句俗语道破了避邪、求药签的庶民文化。除了求助现代医学,不可否认,求神确实能安人心。

药草与杂草

阿来师说,从前得亲自去采药草,凌晨四点就要坐"普通

车"（旧时的非对号火车）去公馆、新店一带山区，采回青草后六七点开店。1933年出生的他，十三岁就跟林阿连师傅"学功夫"，后来娶了老板的女儿。他熟知每样草性："一支香"行气散瘀、解毒消肿；"车前草"利尿；"遍地锦"治结石；"黄花蜜草"退肝火……我一一询问，不是为了考他，而是难得见到这么多新鲜药草，更难得有本活字典。喔，"左手香"，我趋近一闻，果然有独特的香气，能消炎、消肿……

为满足民众的需求，青草巷内不但有新鲜的青草，也有药草干货，还有如茶包般方便冲泡的"懒人包"。尤其是青草茶，各家店的配方不尽相同；"德安"的薄荷下得少，不以清凉感取胜，而是以仙草、甜珠草、咸丰草、凤尾草等加上冰糖，熬煮成甜的浓郁青草茶，阿来师自豪得很。

我瞧见墙上绑着一种大型"青草"，于是好奇地询问。阿来嫂（阿来师的太太）说那是"铁树花"，清热、祛风、止血、去痰火，来买的人多是因为"神明派的"——意指宫庙开的药单。健谈的阿来嫂还跟我聊起她年轻时到戏院看了不下十回的《梁山伯与祝英台》，祝英台说："要成亲除非是日出西山，铁树开花。"面对父亲逼她嫁给马文才，祝英台以这段歌词表明心志。阿来嫂

因应时代需求，阿来师开发出"懒人包"，方便客人冲泡。

"草包"的新故乡——德安青草店

第三代店主简宜贤自高中时就开始学习药草,承袭传统文化。

说:"以前铁树开花很难,现在简单啰!"

铁树性喜温热气候,种植十余年后可开花;如果移植到寒冷的地方就很难开花,所以从前才会用"铁树开花"形容难以发生或实现的事。但台湾地处亚热带,要看到铁树开花并不太难,若是人工栽培甚至可年年开花。

这些药草,在我眼里原是"杂草";其实,被称之为杂草,不过就是因为人们尚未发现它的功能。药草,哪里只是属于上一辈的名词,它活生生就在我们周围,而不少植物让我们的传统文化得以代代相传。

我常含着的产于瑞士的"草本植物萃取精华"的喉糖,上头标示的成分有我原本以为是欧洲特产的药草:接骨木、一支香……事实上,店里头今天就有新鲜的一支香。而接骨木,不但在欧洲与北美洲有许多种类(取蓝黑色的莓果作为药用),也产在长江流域以南,金门的"冇骨消"也是接骨木的一种。

传统的中国药草,论功效,抗菌和消炎几乎为一体。清热通常解毒,祛风陪伴着利湿(除湿),而接骨木除了这些功效,还加上了"通筋接骨"。原来,这些被称之为青草、药草的植物,离我们这么近。

昔日,龙山寺的药签让挑摊叫卖的青草贩聚集在此,让定点形式的"亭仔脚"店面得以出现;之后传统街厝店面群聚,紧接着是现代化的新兴店面,于是从点串连成线状的街巷店铺;继而发展出商家组织的团体形式,加上政府部门的介入,便扩展到小区环境整体改造的层面。

传统的青草产业摇身一变,成了保健养生的特色产业,如今"青草巷"已是文化观光景点。从被动转为主动,由客体变为主体,青草巷不再是依附龙山寺而生的藤蔓,而已然是独立自生、绿意盎然的树,丰富了整个区域的观光环境。

小常识

小槐花（抹草）

学名：Ohwia caudata (Thunb.) H. Ohashi

别名：抹草、魅草、魔草、蛆草、味噌草、拿身草、金腰带、福佬抹草、锐叶小槐花。因音相近误称茉草、磨草。

产地：产于中国大陆中南部及日本、琉球群岛、中国台湾中北部。属豆科植物，喜高温，易栽培。三出叶，嫩枝被毛，荚果扁平椭圆形、被钩毛，种子褐色、圆形。

食用和药用：性平，味甘、淡，具健胃、清热、祛风、利湿、消积、散瘀、止痛、抗菌、解毒、杀虫之效，故用以治疗腹痛、呕吐、湿疹、风湿、肿痛、烫伤、溃烂、筋骨疼痛、感冒发烧、毒蛇咬伤等症状。

民俗用：常用的民俗植物，用于"去污秽"（驱邪、去煞、避阴）的风水植物及护身圣品。小孩受惊吓或被冲煞到，老人家会摘些抹草、香茅，煮沸后让受惊吓或冲犯之人沐浴净身；因为用于驱邪、去煞，故别称魅草、避邪草。

节日用：端午节时摘艾草、抹草、菖蒲的叶片悬挂在住家的门口，可用来避邪。又有一说，奇数三叶是纯阳植物，故夜晚行经偏僻之处可带一片在身上以保平安。

抹草有三种：台湾各地依人文、习俗不同，各族群称为"抹草"的植物各有差异，约可分三种——闽南人所用的是锐叶小槐花，故别称"福佬抹草"；台湾原住民惯用"艾纳香"（属菊科植物）；客家人惯用的则是"鱼针草"。

康富利（Comfrey）

又名"紫草""编骨草"（knit bone），是欧洲大陆极具知名度的传统治疗药草，近年在台北地区的药膳、草药业界十分流行。花朵为浅蓝紫色，具药理疗效的枝叶根茎则均为绿色。所含的尿囊素可加速细胞再生与重建，对消炎、促进伤口愈合效果佳。在民俗疗法中被运用在扭伤、骨折上，有种知名的"紫草膏"便是由此种紫草制成；亦可单独使用其浸泡油，或配合植物精华油调配成特定效用的按摩油。

注意事项：跟"紫草根"（Gromwell root）同属紫草科，但是不同的植物，药理效用也不同；紫草根也可以在中草药店买得到，传统的民间疗法以之制作"紫云膏"（红玉膏），用于治疗皮肤湿疹、带状疱疹。而大多可当成外用的药材都不适合大量、长期内服，幼童及孕妇也不太适合使用。

康富利

仁心仁术,百年飘香

博爱中药

金包里是北海岸现存最完整的清代老街。纵然街上的建筑已不复当年,但清朝的木造古厝与日据时期建造的红砖洋楼仍然可见,有些民居也还保留着传统闽式街屋的形貌;加上建于1809年的妈祖庙"慈护宫"香火袅绕,不难想象当年市井的繁华景象。

以慈护宫为起点游逛,在雨天的午后躲入拱廊式的"亭仔脚"(骑楼)里,闻到一股炖煮中药的香味;走进博爱中药行里,宛如走进了时光隧道……

家传医术,道德传家

出身中医世家的王番,1901年从福建来到金山,于金包里老街开设首家中药铺并出诊医病。药铺以"博爱"为名,王番也以仁心仁术自我期许,对穷困的病患分文不取,还布施油米给贫民,因而赢得了乡里敬重。博爱中药铺的第三代店主王鹤寿从小常听继承祖父衣钵的父亲王清地述说先祖父的事迹。在王家,不但医术是家传,心怀道德的主张也是家传。

小时候,王鹤寿常看着父亲背着装满各式药材的大木箱,翻

博爱中药铺传承先人智慧,为民众守护健康。

山越岭为偏远山区的穷苦人医病;不但留下常用药材给居民以备不时之需,还教导当地民众挖取草药,让他们能在饱食之余兼可养生。王清地专擅小儿科和妇科,在还没有疫苗的年代,金包里地区的孩子只要出麻疹,几乎都是由他治愈。

谈及公公,王鹤寿的太太李秋香似乎因为兴奋而活泼起来。原来,从小体弱多病的她,有一回到万里找朋友,朋友介绍她到博爱就医,没想到在王清地的帮助之下改善了体质,还因此与王鹤寿结下了姻缘。公公对她疼爱有加,将中药养生之学传给她,她也未辜负公公的期待,之后到药剂师公会上课,取得了执照,能以得自公公的真传继续帮助别人。

清末时期烧制的瓷罐层层叠叠摆放在药柜上。

王鹤寿示范如何用百年历史的轮轴磨药。

老店铺，处处古意

店铺左手边矗立着外表斑驳的药柜，盒上贴着的写满各种药名的纸条已发黄。由于是上好的杉木所制，即使历经百年，里头的384个存放药材的木盒仍未腐朽。木柜上方摆放着四层药罐，这些可都是清末烧制的瓷器呢！从前，各式药材井然有序地排列着，鼎盛时期，店内的药材多达五六百种。

药柜前方的黑檀木桌子一样拥有百年历史。桌上研磨药材的铁制杵、臼，也是磨了长达一个世纪。眼尖的我看到另一边桌下藏着从未见过的器物，觉得好奇。"啊！那是我从小磨药的轮轴……"王鹤寿回忆起他五六岁的时候,当时已四五十岁的父亲磨药材时会让他踩在自己脚上。

"为什么?纯粹好玩吗?""不是,是为了增加重量,可以让药材磨得更细。"可以想见,担任中医师的父亲四处出诊行医,陪伴孩子的时间必定相当有限;能与工作中的父亲亲子同乐的时光,当然令王鹤寿格外难忘。

遵古法,创新包装

受到父亲的熏陶,王鹤寿自小学就开始认识药材,读《本草纲目》是他的休闲娱乐;高中时,他开始帮父亲炮制中药。

2003年,他着手研发以祖父流传下来的药方熬制的汤药。其间曾采用罐装方式,但罐装汤药经三四个小时就会变质;最后历经七年之久才得到让自己满意的成果,以创新的现代化包装让顾客能安全饮用、方便携带。目前已研发养肝汤、养神汤、参仲四物汤、加味四物汤等。王鹤寿说这些都是传统中医的药方,但一般人

在百年药柜前的是由经济部辅导制作的伴手礼。

仁心仁术,百年飘香——博爱中药

若自行买药材来炖煮,效果则会打折扣,因为中药炮制的过程极其繁复,如杜仲炒到一定程度后得加盐水,而熟地则必须九蒸九晒。有些药材本身具毒性,但经过炮制可将毒性去除。

父亲曾对王鹤寿和李秋香说过:"真正的医生开的药方是让患者逐渐好转,绝不下重药!"如今博爱中药铺不再贩卖中药材,但王鹤寿仍不时翻看传了三代的药书,心里仍记着父亲的话。

在老铺前设小摊卖"凉水"可让逛街的路人消暑。

博爱中药铺保存了建筑艺术文化,也传递着先人的奋斗精神与智慧,并且以它一身的"老态"加上"新意",在金包里街继续展现风华。

传承家风的酸甜醋劲

"五印醋"醋王之家

我所有关于缸、瓮、腌渍、酿造的记忆,全都来自外婆。五岁前的我被妈妈"存放"在宜兰,小时必定曾随着外婆劳动的手势,伸长脖子探看陶器里层层叠叠的萝卜、豆腐、高丽菜……长大后早忘了那些片段,可我爱吃外婆做的萝卜干、豆腐乳。看到她托邻人带到台北的小瓮小缸时,等不及吃饭就赶紧拿筷子从里头挖一块来吃;尤其是带着水分的腌萝卜,脆口、不死咸、能嚼出甜味,谁自个儿做的、哪儿买的,都吃不到这味儿。

外婆过世后,属于她的独特滋味也跟着走了,她的十五个儿女无一习得这些手艺。孩子不在身边的她,是以什么心情酿造着这些儿孙如今的回忆呢?

陶瓮铺陈出传家精神

在"五印醋"酿造厂,五六千个陶瓮铺陈出"高印"百年来的历史。我看着那一望无际的陶瓮,听着总经理高奇平说道:"为了迎合消费者口味,有太多引诱人失去良心的酿造法;别人买酒精、买香精,还可以降低成本,但是我必须坚持高印的精神……"他的语气中带有一点点委屈,但也充满了维护高印质量

高家最先落脚于新庄,旧时包装散发浓浓的传统味(高印提供)。

与口碑的骄傲。这么多的"醋坛子","9·21"地震时一个都没打翻,当然更不能打翻自己的招牌!

高奇平是高印的第五代传人。高家的祖先精心研创了酿醋的秘方,于1903年创立了高印。后人来台后最早落脚于新庄,以从大陆带来的经验,依古法以小麦草、糯米酿醋,伴随着台湾的美食走过了百年岁月。所谓的"祖传秘方"是在酿造材料之外添加了独家配方的中药材,至于是哪些中药,当然是不可说啰。能说的、该说的,是老店对高成本纯米酿造的坚持。

高奇平提到，依照卫福部食药署的规定，一升醋里含有40克的米即可称为纯米酿造，而高印的陈年醋是此标准的7倍，且选用的还是台湾本土的上等圆糯米，成本高出许多。二十几年前糯米价格高涨时，他曾经试着用泰国米来酿造，但酿出来的味道怎么都不对。一心维护高印传统的他只能放弃，继续咬牙苦撑。以小麦草酿造，是因为它富含多种氨基酸和分解酵素。

令人惊讶的是，一瓶合成醋只要一个星期就可以制成，而高印纯天然酿造的五印醋，从取得材料到蒸煮、醣化、培养醋酸菌、酿造、杀菌、过滤再到包装、上市，至少要三年时间，价钱却只是大型合成醋制造厂的两倍。

更难以想象的是，一滴讲究酸度和香醇兼具的陈年醋，竟然要花费八年的时间才能酿成。而且盛装在陶瓮里的醋，一年365天、一天24小时都要有师傅看着才行，还要用空调来调节温度，用喷雾来维持湿度。

高印"养"了五六千个醋坛子，就像养了五六千个小孩似的，一个个都得悉心照料。如此耗费心力和时间制成的产品应该是天价才对，然而陈年醋的售价却也不过200元。无怪乎高奇平说："纯天然酿醋是良心事业，因为利润低，只能细水长流。"看来，不只是制醋的方法，这股酿造百年名醋的精神与劲道，也跟着传承了下来！

好醋养生当道

这几年养生观念当道，而醋尝起来是酸的，却是碱性食品，愈来愈多的研究显示碱性食物对健康有益。各国专家学者研究世

五六千个醋坛子,每个都像是自己的孩子般被悉心照顾。

高奇平表示,高印陈年醋米酿造量是食药署规定的7倍。

传承家风的酸甜醋劲——"五印醋"醋王之家

高奇平推广"喝醋DIY",
鼓励大众买陈年醋制作养生饮用醋。

界长寿村居民的长寿因素,其中一项正是少盐多醋;琉球以百岁人瑞闻名的长寿村,有着长达五百年的喝醋文化。据说早在罗马时代,仕女们就在苹果汁中拌入糖和醋,加速新陈代谢以养颜美容。没想到女人爱美、爱吃醋的历史,竟可以追溯到一两千年以前。

也因此,如今的保健品商店里不乏种类繁多、售价高昂的养生醋。买罐水果醋来调制饮品容易,不过要想买到真正水果浸泡的醋就不容易了!

高奇平告诉我,市面上有很多浓缩果汁加香料混制的水果醋。要怎么辨识呢?如果一打开瓶盖就闻到浓浓的水果香,多半就是加了香精。但是,高奇平还教了我一种非常厉害的"科学辨认法"。

喝Tequila(龙舌兰酒)时常在杯口蘸一圈盐,而有些特调咖啡会抹上糖霜;但在杯缘涂上醋,这可是我生平第一次听到;更没想到,这还不是让人享用的,而是用来吸引果蝇的!

原来,只要把醋倒进杯子里并在杯缘抹一圈醋,观察果蝇会不会停在杯口上,就可以分辨出天然醋和化学醋;因为果蝇只爱新鲜水果,不会对化学醋有兴趣。一个小小的实验,让号称万物之灵的人类,对小小的果蝇甘拜下风。

小小醋瓶,铺陈出高印传家的精神与态度。

继承旧传统,开拓新路线

作为调理醋,五印醋已传承百年,深得家庭主妇喜爱,被台湾许多知名的美食店家选用。北港有些老店家喜欢把瓶子摆上桌,秀出五印醋的品牌,明白告诉消费者"本店用的是上好的醋"。某知名鸭肉羹店则要求高印在七点前送货,而且不能贴上标签,因为五印醋是该店料理的秘密武器;扬名海内外的鼎泰丰,也以五印醋调配成酸酸甜甜的蘸酱。五印醋为周氏虾卷、台南度小月等诸多台湾美食增添了令人着迷的风味。

只是,大学时主修食品营养学的高奇平"不知足",希望为老品牌开辟新路径,在以婆婆妈妈为主的消费市场之外抢攻年轻消费群,于是以陈年醋浸泡新鲜水果,开发出数种水果醋调制饮品。不过,这些水果醋中独缺菠萝和苹果。"因为苹果醋和菠萝醋做不出好的口味，缺了香气，所以放弃了！"高奇平还推广"喝醋DIY"，鼓励民众买陈年醋，免费教大家制造适合自己的养生风味醋。

  1987年，高印自新庄迁至树林。因为外在环境条件改变，建筑物的保温效果、日夜温差、陶瓮的温度变化等都不同了，而在酿醋过程中必须保持湿度与恒温，所以一切都得重新估算；1999年"9·21"地震时，菌膜因地壳的强烈震动而下沉，高奇平只好重新培养醋酸菌……然而，酿了一百多年醋的高印，可以不打广告，只靠口碑，不只是因为酿造技术的继承，更是因为代代相传的家风。

  我看着那一望无际的陶瓮，五六千个陶瓮仿佛铺陈出高印传家的精神与态度——用看顾孩子的方式来酿醋。也许，外婆也是用"看顾"的心情在酿造着我们这些儿孙如今的回忆吧！

小常识

醋是什么

醋是以淀粉、糖或含糖及淀粉的农产品为原料,经过二次发酵而产生特定含量的醋酸,适合人类食用的一种液体。

中国古代称醋为酢、酽、酰、苦酒,是烹饪中常用的一种酸味液体调味料。

人类食醋的历史悠久,有人认为已有一万多年;自公元 1450 年(摩西时代)即有酒醋(wine vinegar)的文献记载。

酿造醋一般含有 4%~5% 的醋酸,酸度甚至可达 10%(五印醋的陈年醋酸度为 6.3%),有时会含少量的酒石酸、柠檬酸。

如何辨识酿造醋与人工合成醋

摇一摇:握住瓶子上下左右摇动,瓶内会起泡沫。酿造醋泡沫多且细密,呈现透明淡黄色,消失速度慢;合成醋泡沫粗,消失速度快。

看一看:酿造醋久置后会产生正常的沉淀现象;合成醋无沉淀物。

闻一闻:酿造醋醒鼻,香气有清爽感,入口有促进食欲的香醇味;合成醋不但呛鼻,而且有刺舌的酸辣感。

浸一浸:酿造醋让酸味深入食物里层且颜色均匀,可保存食物不易腐败;合成醋穿透力低,以合成醋浸渍食物,味道只在表层,颜色不能深入其里。

"五印醋"名称的由来

从前以小酒坛装醋,高家生产的醋,封好之后会在四面和坛口贴上五张红纸、盖上大印。因为当时教育并不普及,消费大众为便于称呼,购买时就以包装外观为名,说要买"有五个印的醋"。由于产品口碑佳,大家互相介绍,一传十、十传百,"五印醋"的名称就这么传开了。

"五印醋"的制作过程

醣化:以台湾本土糯米为原料,蒸煮 5 个小时之后,还要在发酵槽放一整天。谷物中含有大量的淀粉,经此番醣化过程就会变成麦芽糖。

发酵:加入含多种分解酵素(酶)的自耕小麦草,糖分与酶发生

化学反应——发酵。经酒精发酵后，培养醋酸菌进行醋酸发酵。

酿造：置于大醋坛内酿制8个月以上，酿造过程需保持恒温，还需以喷雾保持湿度。酿成醋后再经过杀菌、过滤，最后包装、上市。

醋的传说——黑塔被尊为醋祖

相传杜康发明了酒，儿子黑塔跟着杜康学习了酿酒技术，之后黑塔率族人移居现今江苏镇江。他们酿酒后觉得酒糟扔掉可惜，就存放在缸里浸泡，到了第21日的酉时，一开缸，前所未闻的浓郁香气扑鼻而来。黑塔尝了一口，有酸甜兼备的美味，便贮藏作为"调味浆"，以"二十一日"加"酉"字命名为"醋"。

朦胧光晕透出的微温心意

老绵成灯笼店

我对灯笼最深刻的印象是张艺谋导演的《大红灯笼高高挂》里,陈老爷纳四姨太颂莲时的那片红色灯海。那个镜头,我从1991年迄今一直记得。

灯笼的意义无限

原本在苏童的小说《妻妾成群》中,只提及陈老爷宠幸女人时喜欢点上红灯笼;但到了电影里,大红灯笼成为了重要意象,颂莲进陈府时第一件事就是点灯;大红灯笼高挂,喜气洋洋,表示她正式成为陈府的四姨太。

红灯笼在哪个太太院里挂起,便意味着老爷在谁那儿过夜,隔天老爷离开便灭灯;最后颂莲失宠,惨遭封灯;没多久,大红灯笼再度高挂,五姨太进门。点灯、灭灯、封灯,成了封建社会中男人操控女人命运的象征。

我喜欢传统灯笼,它不仅是饰品、照明工具,还能传递多重意义。不论是元宵节的花灯、天灯,还是祭祀、喜庆用的伞灯、竹篾灯……灯笼从过去节庆、祭祀中的传统用途逐渐发展到现今用来作为装饰。当一盏盏明亮的灯笼高高挂起,标志着时代的

简单的大红灯笼传递了多重意义。

转变;唯一不变的是,它始终代表着绵绵的祝福,对新人、对祖先、对神明……

传统工艺也具现代感

虽然元宵灯会每年都热闹举行,但是想在台北找到一家灯笼店还真不是件容易的事。走过热闹的年货大街,转进迪化街里一条幽静的小巷,一间新造的红砖厝门口高高低低地挂着大大小小、各式各样的灯笼。木造的招牌上刻着"创立于一九一五年"的字样,诉说着"老绵成"绵长的历史。曾经,光是这条街上就有三四家灯笼专卖店;而今,在台北,还得熟门熟路的客人或经

创立于 1915 年的老绵成灯笼店。　　　高挂在半空中、颇具现代感的圆形伞灯。

人介绍,才找得到"老绵成"。

　　几年前我曾为了寻找布置会场的灯笼,由朋友骑摩托车载着寻觅这家小店。当时一踏进店里,眼角余光就扫到几个粉紫、粉红的单色圆形灯笼,极简风、有设计感,与其他画着龙凤、鸟蝶或大红、鲜黄、富丽缤纷的传统花色大相径庭。完全符合我想要的感觉,既浪漫又典雅,既具现代感又有中国风。

　　我并未被喜悦冲昏头,随即想到一个很现实的问题——一个个跟头差不多大的灯笼,一串串悬挂在会场空中,很美;但是在布置前后,要占据多大的空间啊?赶紧问店主人张美美:"老板娘,到时候你们送这几十个灯笼到场地……要开货车才载得动吧?"

　　"不必啊,它像伞一样可以收起来啦!"

"啥，这伞……喔不……是灯笼，可以收纳？"

台湾人很聪明，在上个世纪五六十年代就懂得利用竹子有韧性、耐弯曲的特性，制作成可以轻松收纳、像伞一样开合的（雨）伞灯。以前都是用布做的，所以叫"布灯"；现在也可以用纸制作，有蛋形、桶状、圆形。圆形伞灯最讨喜，但要将竹子调整成圆形的弧度也最难。

从前，制作布灯笼要多道工序，得先在纱布上刷一层洋菜（没错，就是现在用来做果冻的洋菜），干了之后才能题字，最后再刷上亮光漆；现在则是直接从工厂进胚布的半成品，短短几分钟，张美美熟练且利落的手势刷刷几下，红色的工整字体便飞上了古早味的灯笼。

标记传统喜庆之美

老绵成看起来虽是一家不起眼的小店面，但其中却保留了深厚的传统文化。狭长型店内的最深处，天花板上吊着一盏特别亮眼的宫灯。那是张美美母亲当年的嫁妆，这些年来一直小心地收藏着，怕它旧了、脏了，所以一直没拿出来挂；有时心血来潮，也想让客人看看，才把它挂起来。

宫灯是古代人结婚时用来庆贺新人用的，现代的嫁娶早已不时兴这样的传统。现在的宫灯都是挂在庙宇或

已近八十岁的宫灯
是张美美母亲当年的嫁妆。

大卖场里，红色的底布，简单地印上龙凤图样，用来炒热气氛。而那盏已有八十岁的宫灯，上面则以精细的手工绣着双铜钱、花和蝴蝶等象征着进财、吉祥和纳福的图腾，底座还缝有绿色的流苏。从它一身精致的绣工，便可看出亲友们对婚嫁男女的绵绵祝福。它静静地垂吊着，彷佛对后人细诉着传统嫁娶的礼俗之美。

在过去，各种中式灯笼除了照明之外，主要用途都和婚丧喜庆、祭典有关。老绵成店内最多的是"伞灯"，有结婚时女婿要准备的"子婿灯"，也有祭拜神明时所用的指示灯"做醮灯"。

传承庶民生活的样貌

和张美美闲聊中，眼尖的我瞥见玻璃柜里的一角有个奇怪的东西，便指着问："这是做灯笼用的吗？"

原来，传承了三代的老绵成不只是一间灯笼店；它经营灯笼买卖五十年，从事金纸业却已九十多年了，是大稻埕的第一间金纸店。上个世纪四十年代以前的"金纸店"老绵成，市场遍及全台各地，金纸一箱箱从台湾头运送到台湾尾。张美美提到，小时候光是到工厂里做金纸的女工就有三四十名，有些妇女还带着制作金纸的器具在家里加工。

朦胧光晕透出的微温心意——老绵成灯笼店

旧时用来制作金纸的各项器具。

老绵成是大稻埕第一家金纸店,如今金纸仅为兼营事业。

在金纸业衰落之后，老棉成才改做灯笼批发的买卖，如今仍兼卖金纸；而我看到的"怪东西"便是制作金纸的器具，有用来沾糨糊的破布子树皮，旁边是上颜色的刷子、盖侧印用的章、裁纸刀，还有用来磨平纸侧边的磨石。张美美说："以前大家欢欢喜喜过年的时候，我们却得在家里赶工，忙着准备初九拜天公、十五元宵节这些庆典要用的金纸。"

"咦！那这又是什么？"张美美说的故事有趣，我的好奇心也被点燃了。

"那是我阿公画的符。"张美美的祖父、创办人张茞为人热心，年少时曾跟着道士学画灵符，常常免费画一些"收惊符"给邻里受惊的幼童。那是一叠"做善事"用的符，我们能想象得到的、日常生活常发生的小病小痛，如肚子痛等都囊括在其中，里头最有趣的一张是化鱼刺用的符。

随着时代进步，这些符咒疗疾救命的功能大多被医生取代了；但藉由传承下来的文物，我们看见了祖辈们助人为乐的善念，以及早期庶民生活丰富多彩的样貌。一盏盏灯笼点亮的文化传统，传递着人们伴随着朦胧光晕透出的微温心意。

小常识

灯的用途

喜庆

宫灯：用来庆贺新人结婚。

子婿灯 →字姓灯 →娶媳灯：结婚时女婿要准备"子婿灯"，汉语"灯"音同"丁"，用以祈求人丁旺盛；而为代表人丁兴旺，家家户户会在宗祠或客厅（屋檐下）悬挂写上姓氏大字的灯，故又称"字姓灯"。因男方迎娶女方时会在队伍前挂一对朱红色灯笼，一方面表示吉利，另一方面则表示娶媳妇了，所以又演变为"娶媳灯"。

丧葬

送丧灯：又称"长明灯"，乃供奉于往生者床边的油灯，代表子孙对先人之孝思永恒不灭之意以及为先人照路之用，又称"孝灯"。

敬神

做醮：祭拜神明时所用的指示灯，民间建醮时用，每户一个，取其带给人们光明之意，又称"信士灯"。

吉灯：用来祭拜神明，为庙宇吉时吉日所绘，收藏于庙中或家中，又称"谢神灯"。

竹篾灯

相对于布灯而言成本较低，无法收拢，较占空间。以竹篾编成，再糊上纸，现今可用塑料取代。主要用途分两种：丧葬用的"孝灯"以蓝笔题字，敬神用的"吉灯"则以朱笔提字。

灯笼制作流程

编骨：选择较有韧性的桂竹为材料，劈竹时力求平顺工整，去竹条内骨，削尖竹端、穿空、整平。

灯胎制作：将竹篾编成灯胎。

裱灯：在灯胎上糊一层纱布，再糊上两层薄薄的单光纸或纱布。

彩绘：用毛笔以墨汁等颜料在弧形的灯笼面上绘图或题字。

灯的节日

正月初九：用"灯座"祭拜天公。

正月十五：用"花灯"庆祝元宵。

七月十五：中元节，以"放水灯"仪式送别亡魂。

十月十五：用"灯座"祭拜三官大帝。

铸入深厚的文化底蕴

郭合记士林刀店

从热闹的士林夜市里拐个弯,便能和隐身在士林一隅的幽静巷弄中、默默锻造了百年文化的"郭合记"相遇。

我喜欢用指尖触摸金属用具上打印的 logo、店号,但由机器大量生产的刀、叉、汤匙,总是感觉太工整,没能在硬邦邦的钢铁身上创造出与之相容的细致,甚至温柔;手工制造的,便忍不住压一压、搓一搓,毕竟师傅功力再高,每一次敲打,轻重深浅总有着些许差异,那些器具也就成了独一无二的个体,像拥有自己的生命一般。有趣的是,手工锻制的刀最容易满足这些条件。所以,我满怀喜悦地去观赏郭合记的"士林刀"。

当我摸着刀上"郭合记"这三个字的钢印,不但触到了手工锻打出来的精细,还感受到了打铁人铸入的浓郁情感。

手工质感无可取代

店门口的橱窗里有一把巨型的士林刀,重达 15 公斤,担任迎宾任务已二十余年,是郭合记落成 120 周年时打造的镇店之宝,也见证了第四代传人郭文成十多年前将家业交棒给下一代的历史。

店里和它并存的刀类繁多,菜刀、剪刀、观赏刀、烹饪用刀

郭合记士林刀店第三代传人郭明让。

等一应俱全,因为老板希望顾客走一趟郭合记就可以买齐需要的刀具。然而,纵然满屋子都是陈设出售的刀品,传说中刀若竹叶、柄似茄身的士林名刀大抵也不会超过五把:一把上个世纪40年代的第三代传人制刀,反映了士林刀作为实用刀具的兴盛时代,郭明让的祖父便是在此时乘势发展手工锻打的菜刀;另一把是上个世纪60年代由郭明让的父亲所造,象征着老打铁人对祖传技艺的坚持;其他的那两三把则是手工制刀逐渐没落之后,年轻的郭明让不断研发改良的工艺收藏品。

数量如此稀少,是因为纯手工制刀费时,从选材、切割成形、热处理、研磨、抛光到最后打上"郭合记"这三个字的钢印,竟有200多道工序。因此,即使不眠不休地赶工,每天也顶

铸入深厚的文化底蕴——郭合记士林刀店

小小的店号钢印，
让人感受到打铁师傅的浓郁情感。

手工制刀工序繁复，
并可依客人习性调整细节。

多只能完成两把，产量非常有限。而士林刀更因其符合人体工学的特殊刀型，不论在刀刃的研磨、刀面的弧度、折叠的角度、刀与柄的密合度还是与铆钉的组合上都需要高度的技巧；更贴心的是，郭明让还会依每位顾客的具体情况调整铜制弹簧的松紧度，让顾客握刀时更合手。这样费尽心力制成的一把刀，只要不到3000元就能拥有；老板还会传授可以受用一辈子的保养方法，即使刀刃钝了也能帮你维修。手工锻打出来的精细、贴心以及浓郁情感，岂是机器制刀可比拟！

从实用到珍藏

"茄柄竹叶刀"这个名字带点侠气，但显得陌生；"八芝兰刀"有些许朦胧美，隐隐夹杂着熟悉感。郭合记的"士林刀"在熟门熟路的老台北的记忆中占据着独特的位置。物资缺乏的日据时期，它和昂贵的奢侈品画上等号；光复后的农业社会，它是方便耐用的工具；进入科技年代，它又成了极富收藏价值的艺术品。

这种坚固、便携带的折叠小刀，由开业制刀的郭合发明于1870年，比起诞生于1891年的瑞士军刀足足早了二十一年。早期竹林遍野的士林，让郭合有了以竹叶为造型的发想；竹叶形的刀身，因弧形刀面方便切割，可使削竹、割渔网、切果菜鱼肉的动作更加利落。黑色的刀柄弯如茄子，利于手握施力，因而命名为茄柄竹叶刀；又称八芝兰刀，则是因士林古名为"八芝兰"，闻名后成了地方特产，故以产地命名；台湾光复后变更地名，才改称士林刀。

士林刀不但实用，更富收藏价值。

日本昭和时期小刀类"名誉鉴赏金牌"珍贵奖状（郭合记提供）。

这把相传至今已一百四十三年的士林刀，为创立于1869年的郭合记写下了许多光荣历史；不但在1908年的日本共进会商品展览中获颁奖状，全台知名，1927年更赴东瀛参展，获得日本刀类制品的小刀类"名誉鉴赏金牌"，名扬海外。而今，承袭技艺、接续先人的荣耀，是第五代传人郭明让身为百年老店接班人所肩负的使命。

强化美感的新工法

百余年前，元祖凭着高超技艺与智慧首创形制独特的精致刀品，荣耀一世纪之久；百余年后，后人严守根基厚实的老招牌，却面对着经济转型致使传统刀业逐渐式微的挑战。郭明让明白，过去强调实用性的观念必须改变，他要求自己更重视工法以达到国际现代制刀工艺的标准。刀刃锐利，抛光做镜面处理；刀柄加厚，打磨至饱满且有光泽，握感舒适；经缜密计算，折刀展开后，刀柄与刀身弧形顺畅，接合度极尽完美。除了精密度，他还致力于美感的强化，研发出锻打成水波或螺旋纹的刀面，且强调两面纹路的细腻与对称。郭明让以过人的韧性与毅力不断尝试、突破，使百年后的士林刀成为艺术品。

从打铁制刀到建立店面，再到增售各项刀品；从创立到市场

有着"波浪螺旋纹"的手工制菜刀。

里人手一刀的全盛期,再到改良制刀技术。走过一个多世纪,走过繁华、走过浪潮,郭合记为了因应时代趋势而改变,刀艺精湛的打铁人,一代又一代,锻造着台湾钢铁般坚硬与韧度的历史。

干将、莫邪铸剑的故事之所以传颂久远,是因为它承载着鲜明的价值取向——投身于理想而义无反顾的精神。这种坚持的、淬炼的、发烫的力量,应当穿越时空,被每个收藏者带到世界各处,并一代传一代,打磨着人们对台湾的记忆,让刀与人与土地产生共鸣。

小常识

士林刀的尺寸

由小至大分为12种尺寸：八分、一寸、一寸半、二寸、二寸半、三寸、三寸半、四寸、四寸半、五寸、五寸半、六寸。

一种刀，三种名

茄柄竹叶刀：以外型命名。柄如茄身，刀若竹叶。

八芝兰刀：以产地命名。士林古名为"八芝兰"，此刀闻名后成了地方特产，故以产地命名。

士林刀：以产地命名。台湾光复后变更地名，改称士林刀。

浓情舞出美丽的记忆

波丽路西餐厅

一对情侣走进餐厅。女生说:"小时候,爸爸常带我们全家到这里吃饭,我男朋友说他每次都只经过店门口,所以我带他来用餐!"波丽路这家台湾现存最老的西餐厅,虽然和它的所在地——大稻埕一样,褪下了华丽的外衣,然而,它始终以不灭的形象回旋在许多人的脑海中,正如拉威尔(Joseph-Maurice Ravel)所作的那曲《波丽路》(Bolero)。

爱情、流行的波丽路

"阮是文明女 / 东西南北自由志 / 逍遥恰自在 / 世事如何阮不知 / 阮只知文明时代 / 社交爱公开 / 男女双双 / 排做一排 / 跳道乐道我上盖爱……"爱爱阿嬷和五位古伦美亚唱片公司的老同事们,坐在台湾最老牌的西餐厅里那台铁平快火车式的沙发座椅上,一起哼着曾在台北街头红极一时的台语流行歌《跳舞时代》,笑容在他们脸上绽开,思绪回到七十年前古伦美亚发行78转单曲唱片的年代……

这是郭珍弟和简伟斯在2003年导演、与歌曲同名的纪录片《跳舞时代》开始时的片段。《跳舞时代》中出现的那家西餐厅正

老沙发情人咖啡座,从开店初期至今都是焦点(波丽路提供)。

是"波丽路",几个电影场景不但翻开了老台北人尘封的记忆,也让许多年轻人认识了波丽路的历史风华。

"波丽路"三个字,有着外来文化带来的时髦意味。它是台湾人开设的第一家西餐厅,也是台湾目前最古老的咖啡厅,建立于1934年,只比《跳舞时代》这首歌年轻一岁,也和《跳舞时代》这部电影一样,充满了创新与梦想的时代风情。

王昶雄的小说里描写留日的知识分子回到台湾乡下蜗居,和

战后初期的波丽路,其注音符号招牌为一大特色(波丽路提供)。

波丽路早在三四十年前就开始使用高贵的不锈钢餐具。

朋友在台北咖啡厅聚会,感觉到已远离文化生活的自己再度汲取了文化的养分。这样反映战前时代氛围的文章,让郭珍弟联想到波丽路。都会里的咖啡店,豪华的留声机流泻出美妙的古典音乐,宛若东京艺文生活的重现,昭示着文化的蓬勃。到这样的场所聚会,是当时知识分子接受西方文明洗礼的一种方式。

妙龄时的爱爱阿嬷喜欢穿着洋装跟同事在波丽路聚餐,那时有许多"高等学校"的男学生爱穿制服到波丽路,因为制服是高学历(读高等学校形同预备进入大学,在那时可说是高学历)的象征,走进咖啡店进行休闲活动更是身份的表现。

到波丽路相亲,则表示对方家世达到一定的水平。民风保守的年代,家族成员通常会陪同出席,一场相亲下来所费不赀,不是一般人负担得起的,于是波丽路成为大家口耳相传的成功率颇

颜云连设计的"天上彩云"在灯光照射下流动着。

高的"相亲餐厅"。除了浪漫的气氛可以催化爱情之外,气派的排场似乎也暗示了"面包"的存在。有了爱情也有了面包,姻缘当然就不远了……

贵族、艺文的波丽路

波丽路是相亲餐厅,也是贵族餐厅。在食料物资都缺乏的日据时期,对仍以番薯签裹腹的一般人来说,到咖啡店喝一杯一毛钱的咖啡是奢侈的享受;当大家都还在坐板凳、台铁火车只有平快车的时候,波丽路订做了舒适的平快车式双人座沙发;当大家一个月薪水只有一千元的时候,波丽路用的是一个酒杯造价两千元的手工不锈钢餐具。

法国作曲家拉威尔于1928年创作了管弦乐曲《波丽路》;六年之后,廖水来以这首舞曲作为店名,可说是紧追着西方文明的脚步。波丽路的创始人廖水来喜爱艺术,尤其醉心于音乐,因此购置了一套可自动翻面、有钻石唱针的78转电唱机,据说这部音响的价值在当年等同于一栋"楼仔厝"。廖水来以播放进口古典乐为号召,吸引文人雅士前来欣赏音乐。

豪华的贵族气息不仅来自于音乐,还源于装潢与陈设。廖水来邀请台湾抽象画先驱颜云连为波丽路做室内设计。颜云连结合抽象的几何美学与梦幻的装饰风格,在长条形的天花板上设计了镂空的云朵;当光线穿越七彩胶片投影在墙面,犹如流云飘过天际,被称为"天上云彩"。为接纳更多客人,廖水来于1976年增设分店,颜云连再度运用创意,将废弃物转换成装修材料,处处可见立体金属造型艺术。因此,只要走进波丽路,便能亲近艺术。

从日据至战后初期,繁华的大稻埕不只是商业中心,同时也展现了台湾的西化过程,激荡着台湾的文学、音乐、美术、戏剧等文化的现代化思潮。在这个特殊区域里生根的波丽路,具备了"天生"的艺文土壤,再加上廖水来"后天"投入的养分——免费提供场所供画家聚会、办展,在历史博物馆开始办展之前,波丽路一直是美术界年展的场所,成为了台北最重要的艺文沙龙之一。画家陈澄波、杨三郎、郭雪湖、洪瑞麟,音乐家吕泉生、周添旺、邓雨贤以及文学家张文环、吕赫若、古龙等人都是常客,波丽路着实是文化人的第二个家。

波丽路名贵的音响、陈设、餐具,彰显着上层阶级的生活品位,富商巨贾、世家子弟纷纷在此聚会。华丽的波丽路几乎可以等同于豪华奢侈的代名词,但它不只承载着平民百姓的梦想,还包含了文人的情怀与理想。

浓情、怀旧的波丽路

文化和爱情之外,让郭珍弟觉得最有趣的是,拍摄电影时,爱爱阿嬷和几位阿公们提到,当天在波丽路吃到的餐点,竟然和几十年前的味道一模一样!走在街上,曾经创造台语歌谣辉煌史

浓情舞出美丽的记忆——波丽路西餐厅

波丽路本店的廖总经理说,不锈钢餐具是一大特色。

当复古成为流行,浓浓的怀旧风已然成为波丽路的新主题。

的古伦美亚唱片建筑物已化为烟尘,曾经的经济重镇大稻埕也已不再是吸纳流行文化的繁华之地。然而,有些东西依然没变;在瞬息万变的现代社会里,这些不变的味道,总让人格外珍惜。

波丽路不变的味道背后,藏着一份浓厚的情感与坚持。掌管本店的廖聪麒总经理以及不少店内厨师,年资都已超过四十年;就连"资浅"的厨师也服务了二十年。一位看起来才三十出头的侍者说,他从十五岁开始干起,做了十八年了!"难道都不想换工作吗?"他说:"在这里已经这么久,有感情了!而且老板对我们很好!"在强调科技与创新的社会里,"变"似乎是准则,也对应在劳务关系上;但对现在的波丽路而言,"不变"却成了一种坚持,显现了双方深刻的情谊。

创办人过世后,波丽路本店、分店各由大儿子、二儿子继承。如今本店由元老一手打理,老经理人、老厨师坚持着数十年如一日的口味。廖聪麒说:"别的餐厅上的是色拉,我们还是坚持上成本较高的冷盘;而且,我们就是要让老顾客吃到一样的味道!"

廖水来早期在日本西餐厅担任厨师,之后亲赴日本考察学习,以法式西餐为基础,融合了日式、台式料理开发出了波丽路的西式餐点。吃遍世界美食的名作家李昂说:"在七十年前能做出这样的料理,的确是很了不起!"多年后,随着经济水平大幅提升,在台湾已经能够吃到许多更精致的西式料理。波丽路脱去了那件象征着贵族的华贵大衣,十年来不变的价格显露出平价的小小奢华,像是穿戴上一身古典风格的服饰。风格不同了,但却同样让人想尝试一下。

一位二十几岁时在波丽路相亲成功的老伯伯,每年总会带着全家来此聚餐;从两人到两代、三代,甚至到五代同堂,六十年来从未间断。现在来到波丽路,老人们回顾当年种种,重温青春梦;年轻人则是用餐外加参观,在台铁的平快车成为过去式时,搭上怀旧列车,坐坐平快火车式的座椅,体会一下爸妈或阿公阿嬷走过的岁月。

当复古风吹起,浓浓的怀旧与分享情调已然成为波丽路的新主题。颜云连设计的"天上云彩"仍盘踞在波丽路的天花板上,重金打造的不锈钢材质鸡尾酒杯和餐具仍继续端上桌。一样的厨师、一样的店经理、一样的咖喱猪排和法国鸭子饭的味道,平快车式双人座椅继续等待来客入座……

小常识

第一名的波丽路

台湾第一家有高级音响的餐厅:光复初期,波丽路是全台唯一拥有高级进口音响的餐厅,也是台湾第一家有冷气的餐厅;上个世纪50年代,当大家还吹着电风扇时,波丽路就拥有从美国进口、在台湾组装的空调设备。

波丽路的店招演变史

波丽路这七十年来招牌做了三次改变,呈现出台湾的历史脉络,相当具有时代意义:

ボレロ和BOLERO:日据时期,日文加上英文。

ㄅㄛ ㄌㄟ ㄌㄨ:战后初期,政府推行国语,禁用日文,所以用注音符号代替日文,再加上中文和英文。

波丽路:当国语逐渐取代日文,就以中文加上英文,沿用至今。

恢复注音符号招牌:如今波丽路本店将招牌改为中文加ㄅㄛ ㄌㄟ ㄌㄨ。

波丽路的室内设计史

1934年创立:廖水来聘请日籍设计师铃木洋平先生设计。

1947年整修:聘请本土抽象大师颜云连整修,大胆结合雕刻、金工、抽象几何图形等元素,震撼了当时保守的台湾室内设计界,让波丽路成为当年台北最时髦的餐厅。

1976年扩店:增设分店时,颜云连再度运用创意,将废弃物转换成装修材料,处处可见立体金属造型艺术。

2012年底完成装修:如今以全新的"原始风貌"迎接顾客。本篇在装修前摄影,读者前去时可以对照著书上的照片,享受新旧交融的趣味。

来自北国的扎实滋味

明星西点咖啡

2005年,我第一次踏进"明星西点咖啡",是诗人路寒袖老师领我去的。我早听过大名鼎鼎的"明星",但只稍稍知道它是台湾文学的摇篮,不清楚它自身的历史;哪晓得它曾在1989年12月宣告歇业,直到2005年7月才重新开业,寒袖老师到此别有深意。

可惜我太紧张,因为那天可是寒袖老师面试我的日子啊!我傻傻地点了一壶花果茶之类的饮料,现在回想起来,对它有着深刻回忆的诗人自己喝的铁定是咖啡。当时既没听过它背后温馨满溢的故事,也没喝到香醇的咖啡,我还真是入宝山而空手归呢!

友谊的牵引

多年后再踏进明星,我已经读过《武昌街一段七号》,那些字句带来的感动足以呼唤我前去。不是一个聪明的穷小子奋发的热情感动了我,也不是老店重新点亮招牌的温馨感动了我,而是来自寒冷北国大陆、五十岁的俄罗斯皇族后裔艾斯尼,因缘际会认识了热带南方小岛上十八岁的简锦锥,两人之间相知相惜的情

1949年创立的ASTORIA，满溢着浓浓的俄罗斯风味（明星咖啡提供）。

谊牵引着我。"ASTORIA"是"明星"最早的名字。1949年，六个俄罗斯大股东与简锦锥在台湾创立了ASTORIA，从此武昌街一段七号就飘着俄罗斯风味的面包香和咖啡香。六人之一的艾斯尼（George Elsner）就是在这年，与如今明星的老板简锦锥结下最深的缘分。

那天，来台前在上海法租界负责屋舍检验工作的艾斯尼，到简锦锥大哥开的特产店（同时也凭外币买卖牌照进行外币兑换买卖的交易）买了一顶帽子、一根手杖。他发现帮忙看店的简锦锥能说英文，便主动跟他聊了几句。简锦锥觉得这个身形高大、西装笔挺的外国人有着不凡的气质，没想到他竟然是改变了自己一生的人。

艾斯尼（明星咖啡提供）。

简锦锥聊着从前历经的种种，在我听来，俨然就是台湾经济发展史了！在台湾还没有"一种可以立刻冲水的便所"的年代，艾斯尼教会他一步步挖化粪池、筑水泥、安装马桶，让一个"猴囝仔"也能变出让众人眼睛为之一亮的新把戏。他靠着这项技能帮飞虎队进行屋舍改建工程，赚到了人生第一桶金。

后来他称这位提携他、教导他的友人为"uncle"，敬之如父。1960年，股东出售ASTORIA，艾斯尼所持股份原应获得足够款项以安度晚年，却遭同乡股东无情倾轧，甚至因失去工作而无法在台居留。于是，简锦锥以一人之力承租明星，重新点亮招牌，艾斯尼成了顾问。

原本招牌上只有外文的ASTORIA，在1964年因应时局加上中文字，意味着这家咖啡面包屋的白俄时代随之结束，那些艾斯尼创造的圣诞节和俄罗斯新年的愉快晚宴和贵族光环也将退场。

良心的品质

指着二楼靠窗的角落，简锦锥说，艾斯尼每天西装笔挺来到明星，即使在病中也如此。当初艾斯尼找遍台北的面包店，却总觉得"这不是我家乡的味道"；在思念家乡口感扎实的面包和那

一间咖啡店,跨越大时代,承载着无数动人故事。

"一杯苦涩的黑水"的心情,以及想让身在异乡的其他人也能享用的心意驱使之下,才与简锦锥讨论"我们来开一家面包店"。

也许,无法回到北国的家,艾斯尼也想待在飘着故乡味道的地方。所以无论在他生前还是1973年去世后,简锦锥总为他保留着这个老位置。如今,已经八十岁的简锦锥仍常常往店里跑,有时一天下来能喝上好几杯咖啡。这香醇的味道不再是苦涩的黑水,而是历久不衰、永难忘怀的温馨情谊。

简锦锥始终记得艾斯尼告诉他:"一磅咖啡只能煮45杯咖啡,这是品质,也是良心。"长久以来,他也以这样的坚持经营着明星。他敲敲咖啡杯底下从创店就有的、内嵌大理石的木桌,那可是应忠实老顾客的要求而特意保留下来的。明星西点咖啡曾

于1989年12月宣告歇业，只留下面包店继续营业；而多年来各界人士怀念老咖啡屋的温暖情味，终于让明星在2005年7月重新开业，如今走上二楼就能品尝咖啡。而这批木桌原本存放在铺里，历经"9·21"大地震的洗礼仍安然无恙，更让简锦锥下定决心重启明星咖啡店。

新与旧的交流

独资经营ASTORIA后，简锦锥努力开发糕点的制作，不但让传说中的软Q俄罗斯软糖得以延续，还写下了台湾第一块巧克力蛋糕的历史，更首创台湾多层蛋糕的制作。除了这些创举，更让简锦锥引以为傲的是，六十岁的明星咖啡是上个世纪六七十年代台湾文学的摇篮，也是台北重要的文化地景。诗人周梦蝶曾在一楼门外摆旧书摊，成为明星最为人所熟知的文学风景；而黄春明、林怀民、白先勇、季季、陈若曦、陈映真、尉天聪、侯孝贤等台湾艺文界人士都曾在明星伏案写作、高谈阔论。如今咖啡厅一隅摆上了作家作品，延续着这段值得纪念的人文史。

简锦锥已将明星交棒给女儿，简静惠接手后更强调其艺

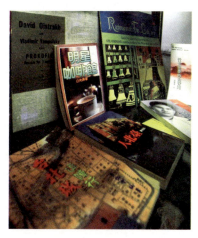

六十岁的明星咖啡是台湾文学的摇篮，更是台北重要的文化地景。

从"苦涩的黑水"转变成永恒的情谊,简锦锥和明星咖啡屋一同见证了传奇。

蒋方良的私房菜"俄罗斯鱼冻"。

文地标的意义。她了解老店的内涵与价值,但她更想让人们知道老店仍在创新。相对于明星旧有的白底绿字的典雅咖啡杯,她设计出颜色鲜黄、印上红色皇家徽章的杯子。目前,这两种杯子都能在明星咖啡见到。"俄罗斯鱼冻"原是蒋方良的私房菜,现在也被她列入菜单之中,让客人也能享用这道清爽的菜肴。

在这个大家已经能轻易在便利商店买杯咖啡、在餐厅享受豪华、精致料理的时代,在明星点一杯咖啡,或在此沉淀,或与友人相聚,一杯咖啡背后的意涵无限深远。

小常识

Samovar

俄国人发明的茶壶,俄文的意思为"自己煮",是一种材质为黄铜或铜的大壶,功能类似现代的热水瓶,前有水龙头,下壶煮水,上壶保温。从前是送给新婚夫妻的礼品,如今仍受俄国人喜爱,在Café中时常能见到它的踪迹。若在俄国点了一杯茶,而老板只递给你一个放了茶包和糖的杯子,这时只要找一下店里的Samovar,自己加热水即可。

俄国漆器

俄国的漆器餐具有其独特的色泽,以金、红、黑三色组合成的花纹图案为主,质感轻巧;碗、盘、杯之外,还有台湾少见的漆器餐具——汤匙。

粒粒饱满的人情味

和利碾米厂

外表不起眼的传统老字号米店,能跟货架上摆着不少米谷品牌、大量进货的连锁超市竞争,靠的究竟是什么?

从碾米到贩卖米粮

1936年,现今负责人李利峰的祖父创设了"和利碾米工厂",收购稻谷碾制成糙米,再批发至店面,是米谷买卖的大盘,一直到上个世纪70年代才由李利峰的父亲接手。

采访时,李利峰的父亲正好在店后头的饭厅用餐。个性腼腆的他认为自己既然已经退休,就该让目前负责的李利峰接受采访。对于店里的经营现况,他颇以儿子为荣:"时代不同了,年轻人的想法跟得上潮流,他做得比我好!"

李利峰十多年前退伍,父亲交棒给他。和利到了第三代已经不再碾米了,而是以贩卖米粮为主,并提供种类众多的五谷杂粮。

但为什么还叫"和利碾米工厂"?正是源自浓浓的情感联系。也因此,重建街158号的老房子也仍保留着,只是外观略作改变;一台4米高的五十岁的碾米机仍留着,几个年纪比李利峰还大的

和利碾米厂如今的样貌。

米斗也还留着,这一切就跟和利与顾客互动时流露出的人情味和体贴一样,让人"足感心"。

穿雨衣的货物

采访那天淡水下雨,因此,看到要出门送货的店员薛先生快速从店里拿起一件双色雨衣准备出门,我并不以为意。但没想到,他走到机车后方,大手一挥,熟练而迅捷地将两大袋堆栈在机车后座的米包覆起来。

我十分惊讶,忍不住问道:"咦?我以为雨衣是你自己要穿的,结果是给米穿的喔?"他对一脸好奇的我解释:"雨衣的袖子方便绑结,更不容易松脱,比一般防水布还好用。"

"那你自己不穿雨衣吗?"这才看到他又从店门口旁的墙柱

负责人李利锋对自己选卖的米相当有信心。　　即使是送货到府的贴心服务,依旧暗藏着许多大学问。

上取了一件单色雨衣说:"我自己也会穿啦,但是要先把货给包好,等下到了客人那里,米袋还是干的喔,不会把客人家里弄脏。"好贴心的送货服务啊!

"薛先生,老板说这两包袋装米有100斤,这么重的东西堆在机车后座不会很容易掉下来吗?"我再度抛出问题的同时,他正手持捆货物用的皮绳,将米袋、雨衣一起绑缚起来,然后满脸笑容,带着些许兴奋的语气对我说明:"这需要技巧,米一包一包叠起来的时候要朝背部的方向倾斜,高度不能超过肩膀,骑车的时候借着背的力量来支撑。"原来,光是要将重达100斤的米放在机车上并安全送达客人家中,就有这么大的学问。

五谷杂粮均标记着产地,代表着丰店家对顾客的负责态度。

店家顾客都专业

单从外观来看,和利是家极普通的小店。但仔细瞧,每袋五谷杂粮里都插着牌子,不仅像一般店家一样标示出一斤多少钱,还如同身份证似的记录着每样谷物的出生地。

当我在思考着"顾客会想知道这些五谷杂粮的故乡是哪里么,了解它们来自何方、有什么用处么"的时候,一位妈妈正好跟店员说:"我要'台粳九号米'(一种台湾本土专家育种的本土粳稻种系)。"竟然有顾客能精准说出稻米种类的名称,我忍不住问她:"为什么要买这种米啊?""因为这种米很好吃,而且店里卖的是花东那边的,水源又好。"

之后又有一位小姐要买红豆,她随口说了句:"这红豆不够大,品质不够好!"本以为她想杀价,结果店员却告诉她:"红豆一年才产一次,冬至前后出产,我们那时才会进新货;你如果急着用就先买一点,等到那时候再多买些。"原来她是养生早餐店的老板娘,知道店里卖的是产自屏东万丹、质量较好的红豆,所以都来和利购料。

没多久,一位老伯骑机车经过,朝着店里喊:"我要20斤。"但又发现店里生意很好,店员忙个不停,似乎在考虑要不要熄火下来拿米。此时正在接受采访的李利峰瞥见,一边向我道歉一边

粒粒饱满的人情味——和利碾米厂

抓起两包散装米跑向他,喊着:"伯伯,我帮你拿。"

老店拼赢超市

李利峰说,以前店里只卖米和油,但他认为台湾人愈来愈注重养生,所以这五六年来开始卖杂粮;而他发现许多主妇重视营养均衡,喜欢在煮饭的时候加入其他谷物;但一次购买那么多种类毕竟麻烦,于是他自行调配什锦米贩卖,相当受妈妈们欢迎。

超市也开始卖散装米了,和利要靠什么与之竞争?李利峰说,店里贩卖的稻米、五谷直接从产地购入,所以成本低;他清楚标示店内每样谷物杂粮的产地,让顾客对购入物品有更多了解、更多选择。更重要的是,他每年一定会亲自去产地一两次,观看作物生长的环境;进货时,每一批米粮都要检查,确认没有杂质;还得试煮,才能掌握质量好坏。

坚持好质量、价廉物美、贴心的送货到家服务,还有那温暖的人情味,冷冰冰的超市怎么比得上!

和利自行调配的什锦米,深受顾客欢迎。

小常识

和利的历史

- 日据时期曾经服务于"淡水产业株式会社"（即现今"农会"的前身）的李江河（今店主李利峰的祖父），于1936年在重建街158号创设了"和利碾米工厂"，从事北淡水区域的稻谷收购，碾制成糙米，再批发至店面，是米谷买卖的大盘，销售范围遍布台北县市，远及桃园、基隆。
- 1950年和利扩大营业，将本店迁至中正路迄今，另设碾米工厂与谷仓于重建街225号。
- 上个世纪60年代是全盛期，碾米机多达十几台，有员工十余人。1975年创办人逝世，才由第二代接手。之后因淡水新市镇的开发，稻米产量锐减，便于1980年初期拆除了工厂碾米设备。

（和利碾米厂提供）

稻米的类型

稻米可区分为三种类型：

粳米：又称蓬莱米，米粒圆短、透明，是家庭中最常食用的米饭。

籼米：分为在来米和长米，米粒细长、透明度高，用途多样，适合做发糕、萝卜糕、米苔目等米食。

糯米：分为短圆和细长形，有白、黑、紫三种，用途极多，适合做年糕、汤圆、麻糬、米果（仙贝）、紫米粥等糕饼、甜点。

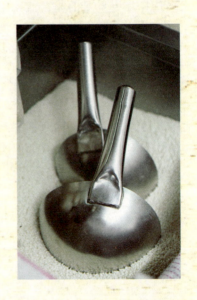

附录——店家资讯一览表

辑一 有一种真诚如此动人

三秀打铁店
地址：10847 台北市西昌街 44 号
电话：(02)2331-5914

新朝名刀店
地址：23547 新北市中和区新生街 30 巷 12 号
电话：(02)2223-8586

大有制墨厂
地址：24149 新北市三重区三和路三段 47 巷 13 号
电话：(02)2973-1566

小西园掌中剧团
地址：11160 台北市士林区文昌路 158 号 1 楼
电话：(02)8928-3047、(02)2834-9430

荣一唐装
地址：10043 台北市中正区博爱路 122 号 6 楼之 2
电话：(02)2361-3336

郭家笔墨庄
地址：10444 台北市中山区中山北路一段 90 号
电话：(02)2567-3639

吉祥棉被行
地址：20843 新北市金山区金包里街 90 号
电话：(02)2408-1529

铭川糊纸店

地址：23741 新北市三峡区国光街 73 号

电话：(02)2672-1682

辑二　有一种情味能够百转千回

登峰鱼丸

地址：25158 新北市淡水区中正路 117 号（本馆，位于老街）

地址：25147 新北市淡水区中正东路一段三巷 43 号 8 楼

（二馆，鱼丸鱼酥观光工厂）

电话：(02)2629-3312

郭元益食品公司

地址：11159 台北市士林区文林路 546 号

电话：(02)2838-2700

丸庄酱油博物馆

地址：64847 云林县西螺镇延平路 25 号

电话：(05)586-3666

丸庄酱油台北门市

地址：10362 台北市重庆北路三段 101 号

电话：(02)2598-9398

有记名茶

地址：10345 台北市大同区重庆北路二段 64 巷 26 号

电话：(02)2555-9164

茶山房肥皂文化体验馆

地址：23742 新北市三峡区嘉添里白鸡路 64-11 号

电话：(02)2671-4400

建兴洋伞
地址：10349 台北市大同区长安西路 196 号
电话：(02)2559-0112

响仁和钟鼓厂
地址：24243 新北市新庄区中正路 173 号
电话：(02)2992-7402、(02)2991-2468

小花园绣花鞋店
地址：10844 台北市万华区峨嵋街 70 号
电话：(02)2311-0045

辑三　有一种心意足以传承一世

德安青草店
地址：10852 台北市万华区西昌街 224 巷 11 号
电话：(02)2308-5549

博爱中药房
地址：20843 新北市金山区金包里街 26 号
电话：0930-927-963

"五印醋"醋王之家
地址：23865 新北市树林区三俊街 74 巷 11 号
电话：(02)2689-6056

老绵成灯笼店
地址：10348 台北市大同区迪化街一段 298 号
电话：(02)2557-8856

郭合记正宗士林名刀
地址：11169 台北市士林区大北路 74 号
电话：(02)2881-2856

波丽路西餐厅
地址：10345 台北市大同区民生西路 314 号
电话：(02)2555-0521、2559-9903
地址：10345 台北市大同区民生西路 308 号（1976 年成立的分店）
电话：(02)2556-0710

明星西点咖啡
地址：10044 台北市中正区武昌街一段 7 号（咖啡馆：5 号 2 楼）
电话：(02)2381-5589

和利碾米厂
地址：25158 新北市淡水区中正路 170 号
电话：(02)2621-4242